『銀文字聖書』の「マルコによる福音書」4章21節から28節。
白い部分は破損個所。スウェーデン、ウプサラ大学図書館蔵。

「神」の発見 銀文字聖書ものがたり

小塩 節　Oshio Takashi

ATTAUNSARΦUÏNHIMINAM·
YEIHNAINAMQΦEIN· UIMAIΦINAI
HASSNSΦEINS· YAIRΦAIYIAGA
ΦEINS· SYEÏNHIMINAGAHANA
AIRΦAI· HΛAIKNSARANAΦAHASIN
TEINANΓIKNHSHIMMAGARA· GAH
ΛΛETNHSΦATEISKNΛAUSSIGAH
MA· SYASYEGAHYEISAKΛETAMΦAI·
SKNΛAHNNSARAIM· GAHNIBRIΓ
ΓAISNUSÏNKRAISTNBUGAI· AKAN
SEINNSAKΦAMMANBIAM· NNTE
ΦEINAÏSTΦINAANΓAKAГ GAHMA͂IS
GAHYNAΦNSÏNAIYINS· AMEN·.

Das „Vater unser".
Codex Argenteus des Bischofs Ulfilas. 5. Jh. n. Chr.

教文館

目次

はじめに――銀文字聖書　5

I　ゲルマン語聖書の誕生

ドナウ河のほとりで　18

ゴートの司教ウルフィラ　26

ドナウ河南岸への脱出　40

キリスト教初期の内情　54

II　「神」の発見

「グス」ということば　72

主の祈り　86

III　銀文字聖書、一五〇〇年の旅

ゴート語訳原本と民族大移動　106

ハンガリーでの発掘　115
ヴェルデンの修道院での発見——一六世紀半ば　121
カール大帝の時代　130
プラハからスウェーデンへ　136
ゴート語の文献　140

Ⅳ　遠くて近いブルガリア

東方キリスト教の静謐な地　146
おわりに——ウルフィラの最期　155

年表　159
参考文献　163
あとがき　167

装丁＝後藤葉子

はじめに――銀文字聖書

銀文字聖書とは

北欧スウェーデン南東部のウプサラ大学カロリーナ図書館に、スウェーデンの誇る国宝で『銀文字聖書』と呼ばれる古代ゴート語の聖書写本がある。古代ゴート族は、ゴシック建築という名称だけにその存在の痕を残しているに過ぎないように思われているが、事実古代ローマとイスラムによって滅ぼしつくされはしたものの、この聖書写本だけは、みごと後世にのこした。

『銀文字聖書』とは、朱色に染めた羊皮紙に銀泥（と一部金泥）のゴート文字で記された聖書で、六世紀初頭、詳しく言うと西暦五二〇年のころに北イタリアのラヴェンナで制作された古い写本である。純銀板の表紙で装丁が施されている。まとまったかたちではおそらく世界で唯一のゴート語文献であり、歴史学、言語学（ヨーロッパ諸言語、とくにゲルマン語学)、聖書学などにとって貴重きわまりない史料である。

この写本制作の一四〇年前の四世紀後半に、下流ドナウ河畔の小さな村にウルフィラ(Ulfila)という、ゲルマン民族そしてゴート人最初の司教がいた。単身よくキリスト教伝道宣教につとめ、かつ、文字というものを持たぬ〝蛮族〟ゲルマンのとくにゴート人同胞のためにゴート文字を創案し、その文字を使って旧・新約聖書全巻を、ギリシア語原典から忠実、正確にゴート語に訳した。偉業であった。ゲルマン民族大移動という世界史をゆるがした動乱の中で、ゴートの初代キリスト教徒たちを司教・村長として守り、苦難に耐えぬいた人である。このたったひとりのゴート人によって訳出されたゴート語の旧・新約聖書が、五世紀にはラヴェンナに運ばれていた。イタリア東北部のこの地で、そのゴート語聖書を書写する作業が行なわれた。作業を命じたのはテオドリクス大王(Theodoricus, Theoderich. テオドリヒとも。四五四頃―五二六年)である。

六世紀のそのころ、ゲルマン諸族の指導者の中でもっとも力があり、諸族間の調停役として広く信用されていたのは、東ゴートのテオドリクス大王であった。ヨーロッパの伝説ではベルンのディートリヒと呼ばれて親しまれ、リヒャルト・ワーグナーの楽劇にも登場する。彼はコンスタンティノープルの東ローマ皇帝によって、西ローマ帝国(実質的にはすでに崩壊していたが)の皇帝とも呼ばれていたから、彼の命令は「勅命」といってもいいだろう。

大王は勅命によって何部か作らせたゴート語訳聖書の写本を、ゴート人以外にはまだ各部族独自の文字というものを持たないゲルマン諸族に贈った。分厚い皮の表紙に宝石などを埋め込んだであろう豪華な装丁の聖書は、驚くべき贈り物であった。書写の作業を考えるだけでも、大きな財と力がなければできないことである。

その上、テオドリクス大王は自分自身のために、王位を表す朱色に染めた羊皮紙に金・銀泥で文字を記した聖書を一部だけ作らせた。新約聖書前半の、四福音書のみの特製本である。

ゲルマン諸族に贈られた聖書は、染めてない羊皮紙にふつうの黒色墨が使われていた。ただし、それらの聖書は長く続いた戦乱の中でことごとくといっていいほど失われてしまった。大王自身のための特製銀文字聖書だけは、数奇な運命を辿って一五〇〇年余りを生き延び、スウェーデンの国宝になって現存している。ラテン語で **Codex argenteus**（コーデックス・アルゲンテウス、銀文字聖書）と呼ばれ、歴史専門家の間ではアルゲンテウス（銀）のaを大文字にして略号CAで通用している。

Codex コーデックスとは、古代では「木簡」のことだったが、紀元前後のころからパピルスや羊皮紙を重ねた、左右二枚見開き式が普通の「冊子本《さつし》」をさすようになった。

残念なことに、というか当然のことかもしれないが、このCAは完全なかたちで残っているわけではない。もともとは三三六枚の羊皮紙からなっており、その両面に銀と金で文字が記されていた。ウプサラ大学にあるのはその半分強の一八七枚。最終ページの一枚が一九七〇年にドイツのシュパイヤー大聖堂で発見されていることから推測するに、おそらく一枚また一枚というふうに失われていったのであろう。

しかし残された半分からでも、古いゴート語の語彙《ごい》や文法をほぼ完全に復元でき、訳出の方法まで知ることができる。ゲルマン諸族は五、六世紀以降、ローマ帝国とケルト人から西ユーラシアの地を奪い、ローマ・カトリックのキリスト教を受け入れ、ヨーロッパを形成していくのだが、信仰に関する基本的なことばと思考法が、ゴート語訳聖書から決定的な影響を受けていることも明らかになりつつある。

聖書強奪事件

一九九五年早春三月。

ウプサラ大学カロリーナ図書館で、粗暴きわまりない手口の盗難事件が起こった。ウプサラは、首都ストックホルムから北へ六〇キロほどの静かな学園都市で、人口一八万人。北欧で一番古いゴシック様式のルター派大聖堂でも知られている。

盗まれたのは、スウェーデンの誇る国宝『銀文字聖書』、古代ゴート語訳の聖書である。一階ホール中央に、ガラス・ケースに入れて展示されていた。

北欧らしくシンと静まりかえった図書館の一階。学生も来館者もほとんどいなかった白昼。ホールの中央あたりで、激しく何かが割れ砕ける音がした。館員が執務室から覗いてみると、二人の男が鍛冶屋の使う中型の鉄のハンマーでガラス・ケースを叩き割り、中から書物を取り上げて逃げ出そうとしていた。駆け寄った館員に男たちは用意の催涙スプレーを吹きかけ、館員がアッとひるむ間に走り去った。目つぶしをくった館員は後を追うこともできなかった。

常日頃、学生たちは古ぼけてくすんだ色のその展示品に、ほとんど何の関心も示さずに通り過ぎていた。古代ゲルマン民族の一員であったゴート族は千数百年前に滅び去り、そのことばを解する人間は専門の研究者以外にはいないのだから、やむをえないことかもしれない。しかし犯人たちは、この古色蒼然とした書物の重要性と価値をよく知っていたと思われる。あるいはただ価値がありそうだと思っただけかもしれないが。二人の男は南欧系の外国人らしいということしか分からなかった。ホールは外部から何のチェックも受けずに出入りできるのである。

現代のスウェーデンの人びとは、スウェーデンこそ金髪碧眼長身のゲルマン民族ゴート人の母国、故郷の地であると自負自称し、ゴート語の聖書を国と民族のアイデンティティの証として誇りに思っている。それだけに、あろうことか、白昼堂々、それも外国人に盗まれるとは！

盗難事件が起こった当時は、大学図書館の広くて静かなホールの中央に高さ一・五メートルほどの、上面が水平な箱型のガラス・ケースがひとつだけ無造作に置かれており、その中に『銀文字聖書』が折々にページを替えて展示されていた。

学生だけではなく、一般市民、内外の旅行者・見学者が自由に入館し、身分証の提示などを求められることもなく、むろん無料で、この聖書を見ることができた。無用心といえば無用心だが、まさかハンマーでガラス・ケースを叩き割って盗み出す者がいるなどとは、平穏な学園都市ウプサラの図書館関係者は想像すらできなかったのだろう。少しくすんだ銀製のカバーと展示中の羊皮紙一〇葉が盗み取られたあと、人びとはただ呆然と立ち尽くすばかりだったという。

スウェーデンの警察は、名誉にかけて国内外を捜索、約一カ月後、首都ストックホルム中央駅のコイン・ロッカーから、盗難品をそっくり無事に発見して回収した。

スウェーデン政府とウプサラ大学は、国民からの寄付金も加えて巨費を投じ、図書館ホールを大改築し、厳重な安全装置を備えた防弾ガラスの展示ケースを祭壇のように設置することにした。事件発生から二年後の一九九七年に工事完了。銀のカバーと時折変わる展示ページ以外の分厚い写本の大部分は、図書館の書庫ではなく、核シェルターのトンネル内に保管されているというが、その所在は明らかにされてはいない。ともあれ、CA＝『銀文字聖書』は今後とも大事にされ、公開展示も以前と変わりなく続けられることとなった。

『銀文字聖書』との出会い

この強奪事件よりかなり前の一九六二年に、私はこの『銀文字聖書』をはじめて間近に、この目で見た。

ストックホルムでの国際会議が終わり、半日の暇《ひま》ができたので、レンタカーのVW甲虫を借りて近郊のドライブに出かけた。湖沼を巡ろう。ハンドルを握って走り出すとふと気が変わって、北へ六〇キロのウプサラに向かった。その時点では『銀文字聖書』やその基をつくった司教ウルフィラのことはよくは知らなかった。学生時代に学んだこともないはずだ。ただ何となくウプサラ大学を見ておきたくなっただけだと思うが、しかし無意識の記憶のどこか奥の片隅にウルフィラの名が入りこんでいたのかもしれない。初夏の北欧の空は広く大きい。高速道路は空いていて快適なドライブだった。

ウプサラ大学の図書館は壮大で静かだった。すぐ目の前に広い駐車場がある。自動前払い料の五〇円玉（〇・五クローネ）がなくて弱っていると、通りがかりの学生がつと貨幣を機械に入れて黙って立ち去っていく。トーマス・マンの小説『トーニオ・クレーガー』に出てくる「マンゲ　タク」（有難う）を二、三度繰り返すと、陽光にとけそうな金髪の長身の青年は軽く手を挙げただけで去っていった。ひょっとするとこれはスウェーデン語でなくて、デンマーク語だったのかもしれない。でも気持ちは通じたようだ。

図書館ホールのフォアイエのガラス・ケースには、『銀文字聖書』がさりげなく展示されている。縦の長さ四〇センチ、横幅三〇センチほどと私には見えた。古代や中世の数多くの聖書写本類やグーテンベルクの印刷聖書を見なれた目には小さく見える。

黴《かび》でもはえそうに古ぼけた一冊の書物。しかしこの書物は、一五〇〇年もの長い時間を生き抜いてきたばかりか、多くの人びとのことばと心を決定づけた貴重きわまりない宝物なのである。

くすんだ赤紫色の羊皮紙の下段に、細い円柱が二本ずつ、頭のところに半円型のアーチをつけて四組並んでいる。銀泥で記された一面の文字を下から持ち上げ支えるように立ち並んでいる。アーチの上部の両端からは、耳のような枝が斜め横に伸び、柱頭下部には花の茂みのようにもっこりした飾りがある。そして円柱の頭部アーチの下には、銀ではなく、黄金のギリシア文字が燦然と光っている。

アーチと円柱は、見る者の心を遠い異国へいざなっていくようだ。どこかで見たことのあるような……。そう、これは北イタリアの東海岸、松林のかげの砂地の町ラヴェンナに、古代東ゴートの王テオドリクスが建てたビザンチン建築群の雰囲気である。

展示頁の一番上の行の鈍い銀色の文字が（本書巻頭ページ写真参照）、少しずつ形のあるものに見えてくる。一行目左端はローマ字で言えば大文字のVに似ているが、Vの下のほうがYのように少し根っ子をのばしている。次はE。その次は大文字のI。四番目は小文字hの左側の棒が他の文字よりずっと上まで伸びている。しいてローマ字に移し替えると、

VEIhNAINAM

次に小文字エル（ℓ）の左下が右下と同じように長く跳ねている。次はギリシアの文字のプシーψ（プサイとも）に似ている。ただしプシーに比べ、縦の棒が垂直に突き立ててある感じのψ。ゴート独特の文字だ。

眼をこらして見ていると次第に慣れてきて、赤紫の地から渋い銀色の大きな記号文字が浮かびあがってくる。やや左に傾き加減の大型の記号が二五、六個、行儀よく横一列に並んでいる。上下は全部で二〇行と見た。銀ではなくて、金が使われている箇所もある。

ギリシア文字の大文字に似てはいるがギリシア文字そのものではない。ところどころにローマ字そっくりの文字もあるし、古代ルーネ文字らしいものもある。でも直線の先がまるく曲げてあったりするから純正のルーネ文字ではない。ルーネ文字は曲線や円をほとんど使わない。

ルーネ文字の起源には諸説がある。おそらく古代イタリアのエトルリア起源が正しいのではあるまいか。紀元前七世紀のころ栄えていたエトルリア（もしくはエトルスク）は、前三世紀、建築や土木などを教えてやった生徒であるローマに制圧された。すばらしい美術品を多く残したエトルリア人は、アルプスを越えて来襲したキンブリー（キンベル、ツィムベルともいう）族など北方のゲルマン人に二四の呪文・道標記号を教えた。これがルーネ文字で、北欧にも伝えられ、ウプサラ近郊でも近世まで巨岩やぶなの木の幹に道標として刻まれていた。

キリスト教徒にとってルーネ文字は、異教徒が呪文として用いていた記号だから、四―六世紀の人は聖書翻訳の文字としては使いたくなかったはずだが、ゴート文字

古へブル文字

ルーネ文字

をつくるに当たっては、そのルーネ文字にやや似たものも使わざるをえなかったのであろう。

一字一字見つめていると、何千年か前のフェニキア、ギリシアあたりの草いきれがし、潮騒や舟を漕ぐ櫂の音や舟人の声が聞こえてくるような気分になる。太古の人の言葉が、声が、このような文字となって、今に伝わってくる……。

そのうち、文字の連なりに切れ目がないことに気がつく。漢字のように文字一個だけで何かの標識、または意味のある表象を担う文字ではない。表音文字に違いない。しかしどこで切れるのか、単語とおぼしいもの同士の間にも隙間がない。大きな堂々たる文字が等間隔に続いている。単語と単語の間に隙間をあける「分かち書き」ではない。

そういえば、初期のギリシア語聖書も分かち書きをしていなかった。数世紀後のラテン語訳も大文字だけを切れ目なく続けてあったことを思い出す。英語化されたアイルランドで作られた小文字を広く用いるよう命じたのは九世紀、フランク王カール大帝（シャルルマーニュ）だった。それまではおごそかに大文字だけをずらずら並べて使い、句読点もなかった。

ときたま半字分ほど字と字の間があいているところがあり、小さな点がポツンと打ってある。・Nという具合である。きっとそこまでがひとつのかたまりの文章なのだろう。左から書いてきた文章がそこで終わる、つまりピリオドなのであろう。ただし、いくら探してもコンマらしいものはない。

非常に古いフェニキア語は、聖書のヘブライ語と同じように、子音だけを記していた。それを学んだギリシア語は母音も書くようになり、しかも右から左へ書いていたのを、いつごろからか左から右へと横書きするようになった。ここにあるゴート語の聖書も、ピリオドの位置から考えて、左から右に書いてあると考えてよさそうだ。現代でもヘブライ語やアラブ語は右から左へ向けて書く（数字だけは左書き）が、ゴート語はそれとはちがって、現代ヨーロッパ諸語やウルフィラが生きていた四世紀のギリシア語やラテン語と同じ、左から右への書き方なのであろう。

紀元前の古代ギリシア語や旧約聖書の最も古い碑文では、一行が終わると、その直ぐ真下の端のところから、次行を前とは逆の方向に書きつづけている。いわゆる牛耕式だ。牛が畑を耕すときの往復の足跡を思い浮かべると分かりやすい。ただしきわめて古いギリシア語では、牛耕式の二行目は鏡文字になることがある。EをƎと書くのである。ゴート語聖書は、改行の場合は、毎行あらためて左端から書き始めているようだ。

昔の漢字や日本の仮名文字、ハングルは、もともとは縦書きだったが、今では縦書きと横書きがある。縦書きの場合は右から始める。横書きは、かつては右から左に書いたものだったが、今では左から右に書くのが主流になっている。

古いモンゴル語や旧満州語は横書きであっても、下の行から上に向かって読んでいくという。人間の文化は多様だ。油断してはならない。

およそ書物というものはパピルスや白い紙（なかには色のついた紙もあるだろうが）に黒い

文字を書いたり、印刷したりするものだと私は思っていた。動物のなめし皮を色染めしたものに銀や金を使って文字を記してある書物を生まれて初めて見た私は、背をかがめて立ちつくしたまま、時の経つのを忘れた。

昼が長く夜の始まりが遅い北欧の初夏、夕映えの高速道路を今度はゆっくり南のストックホルムへと戻りながら、古いゴート語の聖書とウルフィラについて思いめぐらしていた。留学中のドイツ中部のマールブルクでは、城山の中腹の男子学生寮の窓のすぐ下に、かつてここに学んだグリム兄弟の下宿していた、茶色い土壁むきだしの粗末な家がある。そうだ、ゲルマン語の研究はグリム兄弟が進めたのだった。グリム関係の文献で私もゴート語聖書のことをほんの少し記憶の片隅に覚えていたのかもしれない。明日マールブルクに帰ったら、グリム兄弟の仕事を学びなおそう。自分の無智が恥ずかしかった。

それにしても、これほどの仕事をした司教ウルフィラのことをキリスト教史や教会史はほぼ完全に忘れたか、いや、どうやら黙殺しているのは、いったい何故なのだろう。私は奇怪な謎の前に立つような思いに胸が騒いだ。蛮族ゴート人のことだからか、それともひょっとすると教理上の大問題があったのだろうか。謎は深いように思えた。

I　ゲルマン語聖書の誕生

ドナウ河のほとりで

四世紀のドナウ下流域

人類の古代史には、大河のほとりに栄えた四つの文明があった。周知のように中国の黄河、インドのインダス河、チグリス・ユーフラテス両河に挟まれたメソポタミア文明、それにエジプトのナイル河。世界の文明はいずれもこれらの川のほとりに栄えてきた。現代でも多くの都市ばかりか、大小さまざまな町々村々の生活が、多く河川に臨んで栄え、営まれている。

魚介類や飲料用水資源や灌漑用水のゆえばかりでなく、多くの民族や住民が河川の水利の権を求めて争った。川・リヴァー river は、争敵・ライヴァル rival の語源である。と同時に川は、夷狄《いてき》を防ぐ境界線、防衛線ともなった。強大な外国と地続きになっている国境を知らず、海で国土の四方を守られている私たち島国日本では、河川のそういった機能はあまり実感ができない。

しかし、ドイツとフランスの間を南北に流れるライン河やバルカン半島を流れるドナウ河は、以上のような意味でも、歴史に重要極まりない役割を果たしてきている。それは土地に固着した古代の四大文明とはちがって、当時は未開だった西ヨーロッパへの先進文化文明の長距離伝達と、異文化異民族の激しい衝突とその結果を生んだ舞台であった。

『論語』の一節に、「子、川のほとりに在りていわく、逝く者かくのごときか。昼夜を舎《お》かず」とあり、『方丈記』の冒頭に、「ゆく川の流れは絶えずして、しかももとの水にあらず」ということばがある。川を人生と歴史にたとえて、深い真実を語っている。しかしドナウ河の実体は、東洋の知恵がいう真実よりはるかにドラマチックである。

ヨーロッパの大きな河川はたいていが南から北へ、あるいは北から南に悠々満々と流れている。ユーラシア大陸の西部に位置する大きな半島状の地形のせいだろう。しかしその中でドナウ河だけはそうではない。例外的に西から東へと、地図の上では左から右へ流れる西欧最長の大河で、全長二八六〇キロメートルもあり、下流域での川幅は二キロを超える。南西ドイツに源を発し、オーストリア、スロヴァキア、ハンガリー、バルカン半島を横切って黒海に注いでいる。

流域のウィーン、ブダペストあたりは私たち日本人にも親しみがあるけれども、もっと先に進んでバルカン半島を西から東へと何百キロも流れていくドナウ河の中流以遠は、あまり馴染みがない。そのドナウ下流域で、しかも西暦四世紀という大昔に行なわれた聖書翻訳。それが、本書の取り扱おうとするテーマである。ますます薄明の中での出来事としか言いようがない。何しろ四世紀といえばわが日本の歴史も薄暗がりの中にあって、私たち独自の、固有の文字もなかった時代である。

そんな四世紀に、古代文明の有力な流通路だったドナウ下流の南岸と北岸を挟んで、大ローマ帝国と、ゴート人というゲルマン民族との間に接触と衝突が起きた。やがて四世紀後半にはゲルマン民族大移動という歴史の激しいドラマが、ライン河とともにここドナウ河流域で繰りひろげられる。

有史以前からそのころまで、ドナウ河下流とドナウが注ぐ黒海の周辺はヨーロッパの文化的先進地帯であった。西ヨーロッパはまだまったくの未開地帯だったのである。およそ人類文明の始源である牧畜と農耕、石器、土器、青銅器、鉄器等の文化文明そしてさらに文字というものも、ことごとくこの黒海周辺からドナウ河を経由するか地中海沿岸伝いに西へ伝えられていった。ドイツの聖書学者A・ダイスマンが言ったように「光は東方から」来たのである。ダイスマンは、新約聖書のギリシア語が、当時の標準的な話し言葉（コイネーと呼ばれる）によるものであると実証し、社会言語学上大きな貢献をした。『光は東方から』（一九〇八年）は、言語学史上の名著である。

ドナウ河とそして南のスイス山中から北へ流れるライン河。古代ローマ帝国は数世紀にわたる繁栄のすえ、この両河を対ゲルマン民族の防衛線として強力な守備隊を置いた。水上には高速パトロール船を走らせ、両河の南岸及び西岸には三〇万の正規軍を張りつけて、北方からローマ領内への侵入を企てるゲルマン民族を防ぎ、撃退して帝国の安寧を守っていた。

ゴート族

ギリシア人やローマ人が「蛮族《バルバロイ》」と呼んだドナウ北方とライン東方の民——長身で金髪、碧眼のゲルマン人——のなかで、西暦三、四世紀ころに最も勇猛で知られたのがゴート族である。しかし二一世紀の現代、地上にゴート族はいない。ゲルマン民族大移動の騒乱のなかで、虐殺され殲滅されて地上から姿を消した。ゴート的という意味の「ゴシック（建築様式、印刷活字の太字体）」の名称と、ゲルマン民族唯一の古代言語文献（聖書）一冊をのこして消えていったのが、このゴート族である。

もとはスウェーデン南部に定住していたが、おそらく西暦前三〇〇年のころはるか南の黒海近くから北上したものだろうと言われている。西暦一世紀頃、スウェーデン対岸のヴィスワ川河口地方に移住。二世紀頃、牛車の軍団をつくって南へ進み、黒海方面に定着した東ゴートと、ドナウ河下流に定着した西ゴートに分かれた。

東ゴートは四世紀にフン族に襲われて壊滅、一部生き残りがハンガリーを経てイタリアに侵入し、ラヴェンナを都とする王国を建てたが、六世紀半ばに東ローマ帝国に滅ぼされた。西ゴートも同じく敗走し、イタリアを経てイベリア半島に至って王国を建てたが、八世紀にイスラム教徒と（同じゲルマンの）フランク族によって滅ぼされた。

ウクライナの南、クリミア半島に逃れた東ゴートの極小グループがなんと一五世紀まで生きながらえ、クリム・ゴート語という言語を使っていた史実があるが、それも滅び去って、ゴート語は完全に死語となった。

北欧アイスランドには、古いゲルマンの神話を伝える貴重な民族詩『エッダ』や『サガ』が古いアイスランド語で残っているが、いずれも中世に編集したもので、『エッダ』には一三世紀の作家スノッリ・スツルルソンによる創作も含まれている。

印欧語とゲルマン人

言語は、史的、地理的などさまざまな条件と、言語それ自体の内的な発達発展衰微などを経て、実に多様なものとなった。言語という記号体系としては共通でありながら、個別にはほとんど限りなく多様である。全世界の語彙の総数はほとんど無限である。

ごく普通に考えてみて、私たちの日本語は「私」「机」「人」「水」「愛」「死」などの名詞や動詞の語幹に助詞などを付け加えて文を作る。モンゴル語、スワヒリ語などもそうで、「膠着語」と呼ばれている。くっつけていく言語ということである。

ところが、漢字を使っている中国語は、語に何の接辞もつけない。語形変化もしないのが最近までの通例だった。文中の位置でその意味・働きが表される。漢字それぞれが孤立している。こうした中国語やタイ語を「孤立語」という。

これに対して英語やフランス語、ドイツ語などは、「机」「水」などの語は、必ず「机が」「水を」という形・働きで存在している。さらに名詞・代名詞には性と数と格というものがあって、これらに従い、動詞は時制に従って形が変わる。日本の学習者にとって、ドイツ語の名詞や冠詞、形容詞の変化は覚えるのに苦労する難関であり、イタリア語の動詞の時制や人称による活用変化にいたっては絶望的な思いにさせられることがある。そうした言語を「屈折語」という。

屈折語には、アフロ・アジア語や、さらにインドの北部からヨーロッパ全域にわたって数千年来使われている言語があり、インド・ヨーロッパ語（印欧語）と呼ばれている。

西はスペイン、ポルトガルから東はロシアまで、北はアイスランドや北欧諸国、南はイタリアやギリシア、そしてイランもインド・ヨーロッパ語族である。イラクはアラブ語で別。今日では南北アメリカ、オーストラリア、ニュージーランド、シベリアといった広大な地域の人びとがインド・ヨーロッパ語を使っている。フィンランドとハンガリーはもともと東洋系の言語なので、この語族には入らない。

いまでこそ、英独仏露伊などの諸言語の間にはかなりの差異があるように思えるけれども、源へさかのぼるとインド・ヨーロッパ語はひとつのことばであった。文字文献のあるインド・ヨーロッパ語としては非常に古いサンスクリット語（梵語）を調べると、現代の諸印欧語の文法の説明がよくできる。つまりそのころはまだひとつに近かったわけで、サンスクリットよりも前に、共通の印欧祖語があったにちがいない。

印欧祖語を使い話していた集団は、中央アジアや黒海周辺にいたらしい。紀元前五〇〇〇年から三〇〇〇年頃の間にこの集団は次第に分裂して、四方八方に散っていった。大ざっぱに言って、**南方**に向かったのが古代ギリシア人と古代イタリア人の群れで、メソポタミア文明に触れて、高度な文化集団となっていく。
南東に向かったのが北インドとイランの人びと。
西に進んだのがケルト人。
東にはスラヴ人。
そして、**北**に向かったのがゲルマン人である。

各地にはすでに先住民が八〇〇〇年ほど前から定住していたので、それぞれに衝突したり、融合したり、平和的に影響を受けたりする。ゲルマン人は南方黒海のほとりから出て一度北方に進み、何千年かしてかなりの部族が再び南のヨーロッパ各地に戻ろうとし、また実際に戻ってきた集団だった。

ゲルマンとジャーマン

ゲルマン民族・ゲルマン人とは、つまり、インド・ヨーロッパ語族に属するゲルマン系統語を用いていた諸部族集団をひっくるめて呼ぶ総称である。たとえばフランク族、アングロ・サクソン族などがいて、キリスト生誕前後数百年の間はヨーロッパ北東部にいた。ゲルマン人 Germanen とジャーマン・ドイツ人 German とは混同されやすいが、ジャーマンはいま現在のドイツ語・ドイツ人を表し、ゲルマンはつまり三〇〇〇年ほど前から知られる諸部族集団のことである。

古代ローマよりも前にほとんど全ヨーロッパを征服支配したケルト人は、文字を持っていなかったために、文字言語を持つ軍事・法制大国ローマに敗れ去った。広大な支配地域への伝令、情報伝達、法的支配が非常に不十分だったからである。一方、ゲルマン民族も独特に発達した精緻な音声言語の体系は持っていたのに、文字は持たなかった。

そんなゲルマン民族のなかで、唯一ゴート族だけが四世紀ゲルマン語の全貌を現代に伝える言語文献を世に遺した。ウルフィラという男がドナウ河畔でゴート文字を創案し、その文字で旧約聖書（ごく一部を除く）と新約聖書全巻をギリシア語からゴート語に翻訳した。その写本が『銀文字聖書』である。

ウルフィラの訳業は、平穏無事な書斎や修道院の庵室で行なわれた仕事ではない。ゴート指導部による酸鼻を極めたキリスト教徒迫害、さらには民族大移動などの大波にもまれる悪条件のなかでの訳業である。

非常に乏しいけれども現存する史料をもとに、ウルフィラという人物の仕事の跡を辿ってみよう。

ゴートの司教ウルフィラ

かわいい狼の子

ウルフィラ Wulfila または Ulfila, Ulfilas は、西暦三一一年頃、ドナウ河の北、現在のルーマニアに広く住んでいた西ゴート人村落で生まれた（没年三八三年）。父はゴートの中でかなり位の高い、一説には首領級の家系の人物。母親は前世紀の半ば、二五七年にゴート族が小アジア（アナトリア）のカッパドキアに侵攻して大規模掠奪を行なったときに、村落ごとドナウ北岸に拉致連行したギリシア人奴隷の二代目の娘だった。

小アジア別名アナトリアは紀元前一五〇〇年頃から数百年にわたって鉄器の独占的生産地であった。紀元前七、八世紀頃から一部はギリシアに属したが、現在はトルコ領となっている。かつて黒海周辺でも際立った先進地帯だった。そこで、今の黒海やウクライナ草原地方に住んで二、三〇〇年になる東ゴートや、ルーマニアの森林に住む西ゴート人は、しばしば黒海をおし渡って小アジアに食料を求めて掠奪行に出かけた。当時はローマをはじめどの民族も同じことをしていた。自ら生産するより、物産豊富な地方に掠奪に出かけたほうが手っ取りばやくて効率的である。

穀物や家畜を大量に奪えば、三、四年はもつ。食料が底をつくとまた掠奪に出かける。ゴート人も牧畜と農耕をある程度営みはしたが、南の国のほうがはるかに生産性が高くて豊かだった。二五七年の掠奪行のときには、食料だけでなく、アナトリア高原・カッパドキアの優秀な人たちを奴隷として大量に拉致連行した。労働奴隷ではなく、知的奴隷だった。何しろギリシア人はゴートにはない文字を持っていて、法律行政等の知的作業のレベルが非常に高い。だから奴隷といっても大事に扱い、家族を構成することを許したうえに、かなりの数の家族の集合集落を許し、ギリシア人たちがカッパドキアから携えてきたキリスト教信仰とその儀式を敬意をもって認めた。連行されてきた人のなかには聖職者もいて、羊皮紙に記されたギリシア語の聖書を所持していた。

ギリシア人奴隷たちは日曜日ごとに礼拝を行なった。小アジアは、すでに一世紀中頃に使徒パウロが伝道した原始キリスト教の初穂の土地であり、人びとは熱心で確信的キリスト教徒だった。悲運にあい、異教の地に連行されても父祖の信仰をかたく守り続けていた。

ウルフィラは、二代目三代目となっても奴隷であるギリシア人キリスト教徒を母として生まれたが、ゴート人である父の高い身分のおかげでゴート人とされ、Wulf-ila＝「狼の子」というたいへんゲルマン的なゴートの名をつけられた。いまでもゲルマンの後裔ドイツ人は狼が大好きだし、イタリアでも狼はローマ建国の双子を養い育てた尊い動物とされている。語尾「イラ」は「かわいい子」という意味で、フン族の猛王アッティラAttilaにもつけられている。当時のことだから、一般に人名に家名・姓はない。海のかなたパレスチナはナザレ村の大工の子イエスと同じように、呼び名だけがついていた（「キリスト」は姓ではなく「メシア・救い主」の意味）。

ウルフィラは生後間もなく、ゴートから見れば異教であるキリスト教の幼児洗礼を受けた。そして幼いときから家の中では母や祖父母からキリスト教の信仰を教えられ、ギリシア語を母語同様にして育った。いまでいうバイリンガルである。父親からは正統の、ゲルマン戦士の子と呼ばれるにふさわしいゴートのことばづかいと立居振舞い、社会生活をしつけられ、母親からは高度に文化的な宗教性と話し好きな性格を受けついだ。そしてどうやら少年のころから、わずかずつとはいえラテン語も読解できるようになったらしいとされている。文字を知らない民族の中にあっては全く異例のことと言わなくてはならない。

幼児洗礼を受け、トリリンガルとしても育ったウルフィラ

ウルフィラの両親の名は伝えられていないが、彼らの相貌を想像することはかなり容易である。民族学や考古学の調査によってほぼ間違いなく再現されているゴート人男性の平均身長は約一八〇センチ。ブロンドの髪と青い目を持ち、鼻が高い、犬歯が鋭い。逆に当時のギリシア人は（現代のギリシア人はトルコやスラヴの血が濃厚に入っているから、当時とはかなりちがう）、ゴート人よりやや背が低く、真っ白い肌で黒髪、黒い目をしていた。現代のギリシア人にも少しは残っている特徴である。

ゲルマン・ゴートの勇猛な青年戦士が惚れこんで、奴隷の子であるのをいとわず妻とし

て迎え（純潔を重んじるゲルマンには妾や第二、第三夫人などの制度はなかった）、ゲルマンの自然宗教的多神教とはまったく異質な妻のキリスト教を認めて尊重し、息子の洗礼も容認したほどにウルフィラの両親の絆は強く結ばれていた。ウルフィラは健康で幸せな幼児少年時代を送った。

ところで生まれて間もなく幼児洗礼を受けたとなると、いったい誰がその聖礼典を執《と》り行なったのだろうか。キリスト教二〇〇〇年の歴史の中で、この儀式・神儀は普通の平信徒が行なっていいというものではなく、その役目はカトリックやギリシア正教なら司祭、プロテスタントなら正牧師と厳しく定められている。

幼児ウルフィラに洗礼を授けたのは、二五七年かあるいはその前後の別のとき、カッパドキアなどから拉致されてきたギリシア人奴隷集団の中にいたであろう聖職者か、あるいはその人が年老いて世を去る前にギリシア人集団の中で後継者を定め、（少人数の集団であっても）按手礼《あんしゆれい》という任命式を行なって後事を託したのかもしれない。ともあれこの子は、法的にいってギリシア人奴隷のキリスト教徒として生まれ育ったのではなく、同族団結意識が強く伝統的自然宗教心も篤いゴート人の中の、たいへん例外的なゴート人キリスト者として生まれ育ったわけだから、思えば珍種にちがいないのに、いじめを受けたりはしなかったようだ。父親の威光のせいだろうし、本人も強い個性の持主だったろうと思われる。

ギリシア人奴隷たちは日曜日やことあるごとに、村の広場や草葺きの小屋の中で礼拝・ミサを守っていたが、その際、必ずかなり長い聖書の朗読を聴き賛美歌をいくつも歌った。

広場での礼拝などを遠巻きにして見物しているウルフィラの父などは、ギリシア語で読みあげられる聖書のことばや説話が全く理解できない。歌の意味もそうだ。すると少年ウルフィラがごく自然に同時通訳をして、ゴート語に移しかえてやった。耳で聴き、ときには直接目にすることも許される羊皮紙の聖書はギリシア語だが、即座に口をついて出てくることばはゴート語である。ギリシア語とゴート語は、源がインド・ヨーロッパ語同士の間柄だから、英仏語や英独語間にも似ており、私たち島国の日本人が諸外国語と日本語の間で営《な》める、あの血の出るような、ときには絶望的ですらある労苦とは比べものにもならぬ容易さだ。とはいえ、ただの会話ではなく大事な聖書の聖句や説話の同時通訳は並たいていのことではない。一字一句の誤りも許されない。少年ウルフィラは長ずるまでこのような通訳の役目をごく自然のことのように果たし続けた。このことが、彼の生涯をかけた聖書全巻のゴート語訳という偉業の目に見えぬ土台・基礎となったに違いない。

バイリンガルどころか、三つ以上の多言語を全く自由かつ同時に操ることのできるトリリンガルは、やはり一つの特殊な才能だが、彼の場合驚くべきは、聖書翻訳でわかるのだが、一言半句あいまいさのない正確さを生涯失わなかったことである。

帝都コンスタンティノープル

ウルフィラの生まれる二〇〇年ほど前の西暦二世紀初頭、ローマのトラーヤーヌス帝は大軍を率いてドナウの北、当時はダキアと呼ばれていた現ルーマニアへの二度にわたる遠征を行ない、同じインド・ヨーロッパ語族の民である先住ダキア族の大部分を殺し、生き残った働ける五万人の男たちを奴隷として帝国内各地に散らした。帝都ローマだけに送ると集団で決起するおそれがあるとされたのだ。女性たちは「民族浄化作戦」の性的対象とされて、ダキアはローマのいくつ目かの属州となった。農作物だけでなく金と銀の産出が豊かなダキアは、ローマ世界の繁栄に大きく貢献したのだった。

パックス・ロマーナつまり「ローマの平和」とは、ローマ側から見れば、次々に征服し属領とした土地からの食糧と労働人口の調達によって支えられていたわけだが、ローマ治下の諸民族は、過酷な占領政策のもとで塗炭の苦しみを嘗めた。

そのローマ帝国も、三世紀には北方からゴート族その他にじわじわと侵入され、せっかく手に入れた領土ダキアを放棄し、軍隊民間を問わず一人残らずドナウ南岸へと撤収した。そしてドナウを防衛線・国境と定め、全軍の再編成を行ない、ゲルマン民族の侵入阻止を計って成功する。ダキアにはゴート族（とくに西ゴート族）が定住した。

三〇六年に皇帝となったコンスタンティーヌス（一世）Constantinus 大帝は専制政治を強化し、経済力の衰え著しい西のローマを見棄て、三三〇年、ギリシアの植民都市ビザンチウムに都を移してコンスタンティノポリス（コンスタンティノープル）とした。後世のイスタンブールである。短期間に壮大な都を造り上げた威力をおそれたダキアのゴート族は、ローマ帝国への侵入を断念し、むしろ西方のサルマチア族方面に侵攻を企てた。有能な情報網を持っていたコンスタンティーヌスは三三二年、大軍を動員してドナウ河を渡河させ、

ヴィスワ河
(プラハ)
ドナウ河
ウィーン
バラトン湖
(ハンガリー)
パンノニア
カルパチア山脈
(ルーマニア)
ダキア
トランシルヴァニア・アルプス
ドニエプル河
ドン河
黒海
ラヴェンナ
小ゴート村
(ブルガリア)
モエシア
アドリア海
ローマ
アドリアーノポリス
コンスタンティノープル
ニコメディア
ニケア
カッパドキア
小アジア
アテネ
アンティオキア
地中海
キプロス島
アレクサンドリア
エルサレム
0
500km

4世紀頃の地中海世界

突如ゴートの背後を衝いて壊滅的損害を与えた。

その上で大帝はゴート族と初の民族協約を結び、若干の経済援助（現金と穀物）を与える代わりに、ゴートをしてドナウ北岸の警備に当たらせ、一部はローマ軍下に傭兵として編入した。こうして大帝ののち少なくとも三六一年までは、ドナウの平和はほぼ保たれることとなった。

ローマ伝来の太陽神を信じていた大帝はしかし、キリスト教を保護し、自らも死の前年（三三六年）にキリスト教の洗礼を受けた（三三七年の臨終時説もある）。個人のこととはいえ、実は歴史の大転換である。大帝を回心させて洗礼を授けたのは、のちに首都総（大）主教となったエウセビウス Eusebius（ギリシア語表記ではエウセビオス）という人物で、この人がウルフィラに大きな影響を与えることになる。

外交官ウルフィラ

三三二年、二一歳のウルフィラは、語学の才能と家柄を認められて、ゴートを代表する外交使節団に加えられ、コンスタンティノープルに派遣される。彼自身はただの通弁通訳のつもりで加わったのに、いつしか面倒な外交交渉の大半をまかされたようである。苦心の末、右に述べたようなローマとゴートの間の初の協約締結をなしとげた主要人物だったといわれている。強大無比な大帝国の首都に赴いて、文字も通信手段も持たぬ敗軍の使節団がどれほどの困難を切り抜けなければならなかったか、想像を絶するものがある。堂々と互角に渡り合って、ほぼ平等な「協約」を結んだのだから、その功績は大きい。

三三六年、二五歳のウルフィラは請われて再びコンスタンティノープルへ赴き、協約の継続・確認の仕事にあたった（三三七年初頭という説もある）。

眉目秀麗、金髪長身、語学の達人、外交官としても抜群に胆のすわったこのゴートの青年が、異例中の異例のことにキリスト教徒であるという。大理石の大宮廷中枢にいて、ギリシア人との混血というこのウルフィラに非常な関心を抱いて注目したのが、エウセビウスである。

シリア生まれで、長く小アジアはニコメディアの主教をつとめたエウセビウスは、コンスタンティーヌス大帝の死後に首都総主教となり、大帝の子である皇帝コンスタンティウス二世に絶大な影響力を及ぼした。生年は不詳だが、没年は三四二年。三位一体論争で当時主流派と対立したアリウス派の指導者の一人で、のちにこの都を拠点とするようになったギリシア正教の呼び方に従って、「司教」「大司教」と呼ばずに「総主教エウセビウス」と呼ばれている。

アンティオキアへ留学

エウセビウスは人を見る目を備えていた。彼は、ウルフィラの才と人柄を見込んで、ドナウ北岸に帰国する前に当地帝国内で勉強をしていけ、とすすめた。否も応もなかった。ゴートの地には学校というものはなかったし、ものを学ぶ機会もない。第一、文字もない。

大きな使命を果たしたあとなので、残留・留学は誰からも反対されず、ウルフィラは初めて学問の府の門をくぐった。帝国特別研究員という待遇であった。

当時ローマ帝国内には、ギリシア哲学とキリスト教学（聖書学、神学、語学を総合）の両方を学べる、大学と呼ぶにふさわしい学校があった。ローマとミラノにもあったが、特にすぐれていたのがエジプトのアレクサンドリアと、地中海の東端ローマ領シリアのアンティオキアの二校である。アンティオキアはキリスト教の史上最初の教会の一つが建てられ、この教会が使徒パウロを地中海伝道に送り出した地。ここの教会の人びとが史上初めてクリスチャン（キリスト者）と呼ばれるようになったところだ。そのアンティオキア教会に併設の形でアカデミアがあった。ここでウルフィラは四年数カ月、実に五年近く学ぶ。入学した直後にラテン語で長大な神学論文を二本著したという。ヘブライ語、アラム語も修得し、旧約聖書を原語へブライ語で学び直した。

在学中にミサの折の読師《とくし》に任ぜられる。当時の礼拝では、現代の教会でのように説教が重要視されるのでなく、聖書朗読が中心だった。日曜日だけでなく日ごと朝ごとの礼拝で、彼は聖書朗読を行なう読師のつとめを果たした。声も眼も朗読法もよかったのだろう。ギリシア語やラテン語で新約聖書を朗読し、ギリシア語やヘブライ語、それに東方土着のアラム語も理解して分厚い旧約聖書を次々と読みあげていく。

詩編や雅歌では躍動的なリズムや単純なメロディーもつけたらしい。彼が後年、「（聖書を）朗読する・読む」という語をゴート語に訳したとき、すでに出来ていた「読む」という語でなくて多くの場合「スィングワン」（歌う、朗詠する）という語をあえて使っているのも、当時の初期キリスト教会の習慣が身についていたからだろう。現代ドイツ語のズィンゲン、英語のスィング＝「歌う」のもとの語である。聖書は朗詠され、ほとんど歌われていたのだった。

ウルフィラを司教に叙階するという

いよいよゴートの地ダキアへ帰国の時が近づいてきたある日、エウセビウス総主教がコンスタンティノープルからわざわざアンティオキアまで、なんと若い皇帝とともに訪ねてきて、ウルフィラに申し渡した。

「おまえを、ゴート人のためのビショップ（司教）に任ずる。任地に帰って伝道に身を捧げなさい」

無茶な話である。キリスト教会の制度は四世紀当時にはすでに厳格に出来上がっていた。ギリシア的知恵とローマ法とが、二〇〇〇年続くことになる確固たる教会法の基いとなっていた。それによると、ウルフィラのような読師の上に助祭という職名の聖職者たちが置かれ、さらにこれら多くの神父たちを束ねて一個の教会をつかさどるのが、司祭と決まっている。

いくつもの教会がある教区を指揮統括するのが、司教である。読師からいきなり司教に三段とびすることなどはありえない。司教は、教区の司祭たちが集まって選挙をして任命されるのが決まりなのだが、エウセビウスは総主教の特権と皇帝の同意を盾にして、ことを決めた。いわば勅命であるが、ローマ人ではないウルフィラは、すぐには応諾せずに渋った。ゴートの地に帰って、人並みの生活をしたかった。おそらくは結婚への希望もあったろう。司教となれば当然妻帯は断念しなくてはならない。

それよりも何よりも、ゴートにはキリスト教伝道の素地はない。全土に、ギリシア奴隷を除けば、ゴート人のキリスト教シンパはほんの一握りだろう。ゴート人に尊敬されているギリシア奴隷の感化である。しかし、頑固な一般のゴート人たちにキリスト教の伝道ができるわけはない。彼はギリシア奴隷の子であって、ゴート人としては例外中の例外のキリスト教徒でしかない。

その上に、司教に任ずるといわれても、部下たる司祭たち、助祭たち、読師をはじめ同労者は広大なダキアの地にただの一人もいるわけではない。司教という指揮者がたった一人で前線に放り出されるわけである。これで宣教・伝道ができるか。

すでに四世紀の当時、ローマ帝国領内にあっては「司教」たるものには手厚い知行があり、どの人もほとんど地方領主並みの領地が与えられていた。そしてその土地に住んで、羊や牛を飼い農耕に携わる農民や奴隷を支配していた。だから、ウルフィラより少し後年だが、北アフリカのヒッポの司教聖アウグスティヌスも大領地を持っていて、書籍購入や写本費用などごときに苦労することはまったくなかった。司教は、特権階級以上の存在なのである。それが常識だった。その上の大司教ともなれば、のちにモーツァルトが生まれて育ったザルツブルクの例でも知られるように、ひとつの都市国家の絶対君主だったのである。

杖一本を持ち行け

ところが、どうだろう。ウルフィラはこれから領地も部下もなく、何の報酬も手当も保証もなく、文字通り徒手空拳で、未開の蛮地（とローマ側の人びとは考えた）ゴートの地へ戻っていくのである。五年前に別れてきたままの生まれ故郷の縁者や村人たちが多少は支えてくれるかもしれないが、生地にとどまって隠遁すればいいということではない。エジプトやエチオピアでは修行と称して人里離れた地に庵室を設けて隠遁する僧たちが出現している。しかしこのウルフィラに期待され、命ぜられたのはそういうことではない。

ちょうどイエスが初めて一二人の弟子を各地へ伝道に送り出したとき、「替えの下着も靴も持たず、一文無しでいけ」と命じたのとそっくり同じである。

与えられるのは、羊飼いの杖を模した、上部が丸く曲がった長い司教杖一本だけだという。たとえ相手が尊敬する師であり、師のアリウス（ギリシア語ではアレイオス）派思想に完全に心服していても、そしてこの五年間、思いもよらぬお世話どころかご恩を蒙ったことをひとときも忘れはしていないのだけれども、光栄ではあっても、こんな藪から棒の「命令」にハイと言うわけにはいかない。

するとエウセビウス総主教は新約聖書の「ヨハネによる福音書」巻末にある、情けない弟子ペトロに対する復活のイエスのことばを引用して諭したという。

　イエスは言われたではないか、「わたしの羊を飼いなさい。はっきり言っておく。あなたは、若いときは、自分で帯を締めて、行きたいところへ行っていた。しかし、年をとると、両手を伸ばして、他の人に帯を締められ、行きたくないところへ連れて行かれる」（二一・一七―一八）と。

「ウルフィラよ、ペトロと同じようにおまえのいままでの三〇年の生涯は幸せなものだった。望む以上の恵みを神と両親とからいただいた。ゴートの戦士たちはほぼ三〇歳までに戦場で死ぬというではないか。おまえに許される残りの生涯を、主なる神にお返しせよ。行け、わが弟子ウルフィラよ」

　かくて「司教」に叙階されたウルフィラは杖一本だけを手に、ゴートの地に向かった。長旅ののち三四一年末ふるさとの地に辿り着いたころ、エウセビウスは病をえて、翌年初頭コンスタンティノープルで亡くなった。

　エウセビウスの教会的配慮を疑うことはできない。しかしすぐれて政治的人間でもあったエウセビウスの心には、「蛮族」ゴート人も、もしキリスト教化できれば殺人鬼のような（とローマ人は考えていた）「蛮人」であることを止めておとなしくなるだろう、という発想・深謀もあったにちがいない。ローマ皇帝や宮廷の人びとも同感だっただろう。もし仮にこのことが失敗に終わったとしても、ローマ帝国としては失うものは何一つない。ただゴート人が一人、ドナウ河のかなたで死ぬだけのことにすぎぬ。

帝国といい教会といい、人間の組織というものは賢くもあるだろうが、残酷でもある。誰が彼ウルフィラの骨を拾ってくれるのだろうか。

ドナウ河南岸への脱出

文字を創る

日本のギリシア正教ではビショップを主教と呼ぶならわしになっているが、西方ローマの教会の伝統に従って一般にウルフィラを主教ではなく司教と呼ぶ。教会史の定説である。西暦三四一年、ゴート人でただひとりの司教となった三〇歳のウルフィラは、徒手空拳ながら、驚くべき伝道の成果を挙げた。下層ゴート人の間にキリスト教を信ずる者が徐々にその数を増していった。エウセビウスの期待は裏切られなかった。

混血もあり、人数も減って、いまはもうかなりゴート化したギリシア人奴隷たちが、父祖の信仰を守り通して目に見えぬ伝道の土壌を用意しておいてくれたのだろう。すでに階層がわかれ、下層階級とされて羊を飼う一般ゴート人たちは、キリスト教徒であるギリシア奴隷たちとその後裔たちの貧しくとも誠実な生活態度と、心の文化の高さを尊敬していた。異国の宗教が自分たちのものよりどうやら遙かに優れているらしいと感じ始めてかなりの時がたつ。そこへ、ゴートの外交官、いや実質上たったひとりの大使までつとめ、学問をきわめたと言われる高位のゴート人司教が聖書の福音を、ゴート語で伝え始めたのである。耳を傾け、心服するものが次々と出てきて不思議はない。

やがてウルフィラはどうしても聖書のゴート語訳をしなくてはならないと思い定めるが、気づいてみればゴート人は他のすべてのゲルマン諸族と同様に文字を持たない。ゴート族としては、外交文書や協約などにはローマ帝国の公用語ラテン語を、交渉にはギリシア語を、通訳を使って記させればこと足りた。しかし新しい福音を確実に伝えるには、文字言語によらなければ永続性はえられない。そこでウルフィラは、ギリシア語やラテン語、ルーネ文字なども参考にしながらゴート文字を自らつくる決意をする。ゴート語それ自体は文字以前の音声言語としては完成されたものだったから、知恵をしぼっていったん表音文字を創ってしまえば訳文の文書化に案ずることはない。

それにしても、世界の主要言語のなかで、その言語の文字を創った人の名と仕事がはっきり伝えられているケースは、他にはほとんどないのではあるまいか。はるか後、九世紀のモラヴィアで福音書を土地のことばに訳そうと、ギリシア人宣教師キュリロスが、現在のキリル文字のもととなるグラゴール文字を創案した例があるが、ウルフィラのほうが条件は劣悪であった。

ウルフィラは広いダキア（現ルーマニア）の地を村落から村落へと歩きまわってキリスト教の伝道をしつつ、聖書訳出の仕事を始めた。資力も手助けもなしで。

村落から村落へというのは、ダキアの、とくに黒海沿岸地帯にはかつてローマ帝国軍が建設造営した都市や石造建築が少なからずあったのに、ゴート人はローマ人撤退後の遺構に入居したり都会生活を営むことを嫌ったからである。彼らは森の中に草葺の木小屋を造ってそれらの集落を村と称し、各地の村に散らばって住んでいた。

迫害

コンスタンティーヌス大帝の威力により、ダキアのゴート族、つまり西ゴート族の生活は三〇年にわたってほぼ平穏だった。圧倒的な軍事力を誇るローマ帝国軍に対するおそれもあり、何よりも大帝没後も守られた協約によってローマからの食糧援助が続いていたので、掠奪などに出かけていく必要がなかった。牙を抜かれていたのである。当時は協約や条約を締結した皇帝が没すると、何もかも一代限りで契約解消になるのがふつうだったが、ローマ帝国とゴートの協約は大帝没後も守られ続けていた。三三七年、帝位を継いだコンスタンティウス二世が篤実な人物で、父帝の残した約束を三六一年に没するまで守ったのである。

ところがその間の三四八年には、ドナウ河畔でローマ軍とゴート族との間に小ぜり合いがあったらしい。ローマ軍にとっては軍事衝突というほどのものではなく、そのためか史的記録はない。けれどもゴートの指導部にとっては大変なショックであったらしい。

そのころ、西ゴート人の住むダキアの各地で、ウルフィラの懸命な活動によってキリスト教徒の数が少しずつ多くなってきていた。それも「下から」、つまりギリシア系奴隷を核にしてゴートの下層民から次第に「上に」向かって滲透し始めていた。初期キリスト教の確立は各地ですべて「下から」始まって、最後に「上」を巻きこむ動きをとった。これは宗教史上珍しく、それだけに宗教の土着に関して力強いケースである。

そのことの体制に及ぼす影響をおそれ始めた西ゴート指導層は、キリスト教徒がローマのスパイではないかという疑心暗鬼にとりつかれた。その結果、三四八年、キリスト教徒への迫害が始まった。数年おきに何回かくり返された迫害のうちとくに第一回目は、ローマ市における皇帝ネロによる迫害をはるかにうわまわる規模の、残虐なものであった。他のゲルマン諸族にはなかった迫害である。

まず軽くて鞭打ち、石打ちの刑があり、ゲルマン諸神に供えたいけにえの生肉を食べろと命じ、これを拒むと二頭の馬に両足を左右に引っ張らせて生身の股裂きをした。しかしこれでは根絶ができぬと考えると、キリスト教徒たちを追い立てて木小屋に押しこめ、周りにわらを積んで焼き殺した。いつの時代にも疑心暗鬼にとらわれた体制や軍隊は、このような行動に走ることが多いものである。ゴートのキリスト教徒たちの受けた苦難は酸鼻を極めた。

司教ウルフィラは、生き残ったキリスト教徒たちを連れて果敢に川幅二キロの大河ドナウを南岸へと渡った。ローマの強力な沿岸警備隊にいったんはとりおさえられるが、すぐ丁重な取り扱いを受け、やがて司教ウルフィラからの上申書が皇帝のもとに届くと、若きコンスタンティウスはウルフィラたちにドナウ南岸の土地を与え、難民入植を認めた。現在ブルガリアのヴェリコ・タルノヴォに近いニコポリス駐屯地近くであった。ウルフィラ三七歳、司教となって七年目のことである。

ウルフィラが率いたこの共同体は、六世紀半ばの五五〇年ごろ、イタリアのラヴェンナからコンスタンティノープルに移住した東ゴート人ヨルダネスJordanesが著した歴史書『ゴート人の起源と活動』（*De origine actibusque Getarum*）の中で「小《ミノル》ゴート」（goti minoris）と呼ばれている。人口は二百―数百人で、農耕と牧畜を生業とし、司教ウルフィラを村長として平穏に暮らし、彼の歿後も二百数十年ほど、ゲルマン民族大移動の混乱期にも完全な自治と平和を守った。

皇帝はウルフィラを「当代のモーセ」と呼んで絶賛した。エジプトの地で奴隷となっていたイスラエルの民を救い出し、紅海を渡ってシナイ山に向かった民族指導者で「十戒」の受領者とされるモーセにたとえたのである（後述フィロストルギウスの著、及びウルフィラの直接の弟子でブルガリアの司教となったアウクセンティウスAuxentiusの『教会書簡』による。さらにアンブロシウスAmbrosiusや聖アウグスティヌスとの「三位一体論争」で名を馳せた、アリウス派司教マクシミーヌスMaximinusの『論駁書』に、アウクセンティウスのこの件に関する長文が引用されている）。

歴史家ヨルダネスは「小《ミノル》ゴート」村の生活を「平穏」と呼んでいるが、実際はそう生やさしいものではなかった。ドナウ北岸の緑豊かな土地とちがって、草の乏しい南岸の砂丘の上で羊や牛を飼うのだから。ウルフィラにしても、みずから畑を耕すなどして数百人の村人の生命と魂を守っただけではない。北岸の迫害が収まるのを探り知ると彼は単身ドナウ河を幾度も北へ渡り、伝道活動を続けた。そして村に帰ってくると、自分で飼って増やした羊から羊皮紙を手ずからなめしづくりして、聖書の翻訳を続行した。吹きさらしの砂丘の上の、草と木でつくった小屋の中で、松の根っ子を燃やして明かりとしながら、旧約聖書と新約聖書全巻を七二年の生涯の終わりの日近くに完訳し了えた。

殺し合いばかりする人類は、ゴート人という民族を地上から一人残らず虐殺し去ったほどに残酷で愚かである。しかし、小さな村の長《おさ》にすぎないウルフィラがたった一人でゴート語訳聖書を世にのこすほどに人間は偉大でもある。ただ彼の足跡と仕事の全貌は明らかでないことが多い。わずかながら証拠のあるいくつかの事実を手がかりに、こうしてウルフィラとその周囲についてお伝えしている次第である。

ドナウ河の北と南

ドナウ河下流約五〇〇キロの川筋と平行するように、南岸の東西にバルカン山脈が連なっている（バルカンとはのちのトルコ語。当時の土地の言葉ではヘームス［高山］といわれた）。その山脈に押し出されたかのように、なだらかな丘陵が北向きにいくつもいくつも広がっている。現ブルガリア北辺、四世紀当時はローマ帝国によってモエシアと呼ばれた地域である。

浅い雑木林と、群生をしないポプラの木が点々と立つほかは、薄褐色の細かい砂地に背の低い芝のような野草が乏しく生えているだけの、丘とはいえぬほど起伏の少ない台地。

ほんのところどころバルカン山脈を源とする小川が緑の小さな谷をつくっている。草地といっても日本のように丈の高い雑草が猛々しく茂ることはない。

北方からこのバルカン山脈までは大陸性気候で、冬の寒さは厳しいが降雪はあまりなく、年間の平均降水量は約五〇〇ミリで、空気は川べりでも乾燥している。五〇〇ミリという と、日本なら台風時に一晩か二晩で降ってしまうこともある。幸いに大河を挟んで平行して走る現ルーマニアとブルガリアの二大山脈の高地では冬になると雪が降り積もり、そこでは降水量は一〇〇〇ミリともなるので、雪どけの水が野を潤す。大西洋から水気を含んで渡ってくる風はまずカルパチア山脈トランシルヴァニア・アルプスにぶつかり、雨や雪を降らせてしまう。だからドナウ南岸は雨の恵みが少ない。北岸一帯つまりルーマニアは地勢も低く河水の沁み出す分も多く、古来湖沼が多い。したがって北側のほうが緑も濃く、草も木もよく育つ。

というわけで川上からドナウ河の両岸を見くらべると、なるほど左岸（北岸）のルーマニア側が大農業地帯であることがよくわかる。右岸ブルガリア側は、山を越えた南に行けば地中海気候で快適である。しかし山脈北部の丘陵地帯は、同じドナウ河畔でも北岸ほど緑が豊かではない。草の生えぬ赤茶けた大地がむき出しのところもある。

ゴート人の生活

ウルフィラが迫害を逃れて北岸からこの南岸に渡り、丘の草原に難民の村をつくった四世紀半ばの風景も、現在とほとんど変わらなかっただろう。ただローマ帝国軍兵士の姿がないくらいのものではないか。森とは言えないくらいの木立のかげに、ゴート人たちのささやかな家が見えるようだ……。

ヨーロッパの各地の定住農民とはちがって、ゴート人は「家」をそれほど重要視しない。長い民族移動の旅を経験している彼らにとって、「家」は人と羊を囲んで雨露をしのげれば、十分であった。「家」のことをゴート語では「ガーズ gards」という。英語の「ガード」であり、「ガーデン（庭）」の語源である。現代英語やドイツ語の「ハウス」は、当時のゴート語にはなかった。ゲルマンの他部族では「ハウス」は囲い込み用の納屋・小屋の意に用いていた。

ゴート人は家や家具を財産とは思わなかった。しいて言えば家畜が財産であった。羊や牛を共同で飼う生活を数千年続けてきた彼らにとって、家よりも大切なのは共同体である「村」だった。彼らのことばで「ハイムス」という。

Haims「ハイムス、ハユムスとも」＝村。このゴート語からずっとのちのドイツ語のハイム、英語のホームという語が生まれてくる。

ハイムスにはまた、「村」の意味だけではなく、「ふるさと」の意味がこもっていた。彼らにとっては、ともに生きともに死んでいく人と家畜（「フィー」といい、財産と同義）がいる「村」、それも土地ではなく、共同体としての人的つながりである「村」が「ふるさと」であり、一生のよりどころであった。

ゲルマン民族一般の例に洩れず、ゴート人も牛車に家族や全財産を積み、羊を連れ、戦士たちがその周囲を守りながら移動する。いざ戦いというときになると、牛の頭を内側に向け、荷台を外に向けた大円陣を作り、羊や女・子どもは円陣の輪の中に入れて守り、男たちは武器を持って牛車砦の外側に立って戦った。牛車で造る円型の輪が砦だった。そして多くの場合、牛車が住居だった。ドナウ河下流域に住むようになっても、かつてローマが造ってのこしていった石の家に入ったのはごく一部の指導層だけで、一般人は牛車を大切にし、住居としては粗末な木の掘立小屋を作っていた。北欧やアルプス北縁地方のように針葉樹の豊かなところでは長大な材木で丸太組みの家を建てたが、ドナウ河南岸は針葉樹の大きな材に恵まれないから、乏しい木を大事に使って木枠をつくり、丸太のまま斜めすじかいを張り、その周りや隙間には小枝を巻きつけ、その上から粘土を塗った。現代でもドイツ各地や北フランスなどにこの様式に似た「木組家屋」（ファッハヴェルクハウス）が伝えられている。

家の大きさは、同じ屋根の下に何頭の家畜を入れるかによってちがってくるが、家畜から暖をとるためもあって人も家畜も同居の長方形。人間の住む部分には石か板の床を張り、家畜の部分は土を踏みかためた三和土《たたき》になっていて、糞尿を流す溝が掘ってある。屋根は鞍形で、水辺に生える葦や野の草で葺いてあった。壁には雨風があまり入らぬよう、ほんの小さな窓があけてある。この覗き窓は「風の眼」と呼ばれていて、そこから英語の「窓」ウィンドウが生まれた。ウィンドは風。オウはドイツ語のアウゲ（眼）と同根である。

木組みの家々の周りには、とうていよく耕してあるとはいえないけれども、それでも土を掘り返して小麦や大麦、粟などを栽培し、ブナやクルミの木が集落を囲むように植えられている。

ローマ人が蛮族と呼ぶゴートの村人たちはどのような姿をしていたのだろうか。ほとんどが長身金髪で青い目をした典型的なゲルマン人だが、頭髪の色がやや濃くて白い肌をしたギリシア系と思われる人も少しはいる。毛髪のブロンドの色にも濃淡さまざまあるが、日に当たると溶けてしまいそうな黄金色の金髪が当時のローマの女性たちに珍重されたようである。ドナウ河の北から、平和時には大量の金髪がローマ側に輸出され、金持ちのローマ女性たちはブロンドのかつらを愛用した。ゴート人男性たちは、細くて軽いブロンドの長髪が戦場では目に入って邪魔になるので、バターをポマード代わりに塗りたくったという。

ローマの兵士たちは北方遠征の折も半ズボンを着用し臑《すね》にはゲートルをつけていたが、ゲルマン人は長ズボンをはいていた。足もとは男女とも一枚皮の革靴をはき、女性はサンダルにスカート姿もあった。考古学者の研究によると女性用肌着はあったが、胸もとのブラジャーなるものはなかったという。食器は土皿とナイフ一本だけ（もっともヨーロッパでは英伊は別として、フランスのルイ一四世のころまで、ナイフ一本と手で食事をし、今からつい三〇〇年ほど前までフォークは知らず、スプーンも中国から学ぶまで使わなかった）。

さて三四八年にドナウ北岸から逃れてきたときはわずかな数であった羊の群れを増やし、ハイムスをつくり、農耕の指導をすること数年、貧しくとも平穏な生活を手に入れたいま、村長の司教ウルフィラはいよいよ生涯の仕事に邁進することになる。

ウルフィラの仕事場

ウルフィラはその職分のため、おそらく家畜と同居はしていなかったろう。雨や風に文書類を傷《いた》められないように、「風の眼」から少し離れたところに仕事机を置き、まずギリシア語の聖書をひらいて置く。その手前に自作もしくは村人のつくってくれた羊皮紙を置き、鳥の羽根のペンを使い、自ら創案したゴート文字で逐語訳をしていった。寒い冬には、広い部屋の中央に切った炉に火をもやし、上から吊るした鉄鍋か土鍋で、肉やキャベツ、雑穀類を入れたシチュー状の食物を煮ていたであろう。ジャガイモはむろんまだない。キャベツは小アジアから入ってきた野菜で、導入したケルト人の命名である。

家族がいれば、この家も暖かいホーム（ハイム）といえようが、ウルフィラは司教に任ぜられたときすでに家族の暖かさを断念したと思われる。その代わりに、村の青年が二人、たえず彼の身のまわりの世話をし、助手として訳業の手伝いもした。

当時のゴート族は成人男性の独身はありえず、必ず妻帯していた。のちのギリシア正教では、総主教は別として、在俗の下級聖職者の妻帯は許されるようになってきたので、ウルフィラにも家族があった可能性は完全なゼロではない。また、コンスタンティノープルへ赴く前に結婚していたかもしれない。しかし、いずれにせよ家族に関する文献は一切ない。

彼の仕事机は、椅子を備えた現代式の書き物机ではなく、立ち机だった。古代末期のローマ教会の絵には、椅子に腰かけ、膝の上に書類を置いている僧の姿があるが、聖書の写字写本をする修道僧は立ち机に向かって写した。聖書への敬意からである。そして横に手もとを見つめて誤記がないかを見守る助手が一、二名いた。中世になると、写字写書は必ず最大七人一組で、立って行なった。ということは、ウルフィラも、調べ物は現代と同じような書き物机を使っても、訳業に当たっては立って行なった、と思われる。

ウルフィラの時代のドナウ南岸モエシアではロウソクもオリーヴ油燈火も貴重品だった。だからときには松の根を細く割って束ね合わせ、何かの獣脂をしみこませた一種の古式ロウソク、言ってみれば松明《たいまつ》で明かりを取っていただろう。それほどの明かりがなくて済むときには、ゲルマン人は中世ドイツにいたるまで松の根を親指一本ほどの細さに割って燃やしていた。一本で一時間は使えた。

こういう条件下で四十数年、倦まずたゆまず翻訳の仕事をやり抜いた忍耐力と持続力は恐るべきものだが、途中で投げ出したくはならなかったのだろうか。家族の支えなしにできることなのだろうか。あるいは家族のない独身の聖職者だから成し遂げられたのだろうか。そういったことどもを知るすべは、いまとなっては残念ながら全くない。

五世紀、カッパドキア出身の教会史家フィロストルギウス Philostorgius（三六八頃—四二五年）は帝都コンスタンティノープルで著した『教会史』一二巻の中に、その事情をわずかに伝えている。この歴史家は少年時代に、生前のウルフィラに何回か会い、直接に訳出の労苦について話を聞いているらしい。しかし、家族の話はない。

ウルフィラの用いたギリシア語聖書

ところで、ウルフィラが開いて用いたギリシア語聖書はどのようなものだったろうか。実はギリシア語聖書自体、新約聖書でさえ成立の最初から厳密に決定された文章ではなく、本文（テキスト）によって多少の異同があった。くどくなるが、アレクサンドリア本文、カイサリア本文など、いくつもの本文があった。そのうちでウルフィラが用いたのは現在ビザンチン本文と呼ばれる系統のうちの、ごく初期のものである。アンティオキア本文、コイネー本文とも呼ばれているもので、このビザンチン本文は、いま右に挙げたいくつかのテキストのうちでは最も後代のものとされる。

ウルフィラを司教に叙階し、コンスタンティーヌス大帝に洗礼を授けたエウセビウスや、後述する三位一体論争の焦点の人アリウスたちの先生に、アンティオキアのルキアーノスという人がいた。三一二年、ウルフィラ誕生の翌年殉教の死をとげた人だが、このルキアーノスが校訂をしたのがビザンチン本文と呼ばれ、コンスタンティノープルを中心に東ローマ帝国内で広く用いられ、公認されたものである。ウルフィラがこれを用いたのはほぼまちがいない。ただウルフィラの訳文を詳しく見ていくと、すでに当時地中海地方に出廻っていた数種類ものラテン語訳を参照した形跡が見られるし、彼が目の前にあるルキアーノス校訂によるコイネー本文を無条件で（奴隷的にと評した人もある由）逐語訳したのではないことがはっきりわかる。

ということは、ある時期から司教ウルフィラの伝道と聖書訳出の仕事が帝都にも知られていたと推測される。大帝のあとを継いだ皇帝コンスタンティウス二世はウルフィラにたいへん好意を持ち、首都教会を通じて若干の経済的援助をしたらしい。ウルフィラはギリシア語原典だけでなく、ラテン語訳ばかりかヘブライ語聖書も若干は入手し手許において参照した跡が、訳語の選択や語法からうかがい知られるのである。コンスタンティノープルから送られてきたのかもしれない。また、時には燈火用のオリーヴ油が届けられたこともあろう。

なお、ラテン語訳聖書『ヴルガータ』Vulgataは、ローマ教会の正典として四世紀末から実に現代にいたるまで用いられているもので、ローマ教父ヒエローニムスHieronymus（三四七―四一九年）の偉大な労作である。三八二年に着手されたものだから、いわばすれ違ったウルフィラが知ることはなかったが、このヒエローニムスによる定訳の前に、かなりの数のラテン語私訳があったことが知られている。

ウルフィラ没後、ゴート語訳聖書の整理筆写を行なった二人の助手は、アンティオキアやコンスタンティノープルやローマなどを旅しそれぞれの地に滞在もしていたヒエローニムス宛に、ウルフィラ訳旧約聖書のとくに「詩編」のいくつかの語句及び訳語について、はたしてこれでいいのだろうかと質問状を送った。それに対して碩学のヒエローニムスは、自分はゴート語がよくわからないけれども、あなた方による前後関係の説明から思いみるに、ゴート語訳は正確適切であると判断する、という返事を何度か書き送っている。当時のローマ帝国における郵便というか、正しくは文通事情のよさに感心させられる。

当時の書物は、一文字一文字を手書きしたもの一冊しかないわけで、幸運に恵まれ評判がよければ、手写本が作られて廻し読みされるということはあった。ヒエローニムスによるローマ教会公認の正典『ヴルガータ』も、あるいはまた四世紀の、西洋古代最高の教父であるアウグスティヌスの諸著作も、北辺「蛮族」の村で訳されたウルフィラのゴート語訳聖書も、どれもこうした手写しの作業で次の世代に引き継がれて読み継がれていったのである。

キリスト教初期の内情

二つの聖書——旧約聖書、新約聖書

キリスト教は、パレスチナ北部ナザレ出身のイエスをキリスト（救い主）であるとして、その人格と教えを中心にする宗教だが、このイエスと、ユダヤ教とキリスト教の関係につ

いて、初期の状況を極めて簡単にまとめると、次のようなぐあいである。ウルフィラの訳業最大のポイントを次章でさぐるため、まずこれらの史実を踏まえておこう。

イエスは西暦前四年の頃にパレスチナで生まれ、二八年頃にエルサレムで刑死した（三〇年説もある）。西暦という歴史年数の基準はイエスの誕生を元年として六世紀に考案されたものだが、現在の歴史研究ではわずかにズレがあって、イエスの誕生は前四年の頃とされる。

今から二〇〇〇年前のパレスチナは、強大な古代ローマ帝国の一地方であって、皇帝アウグストゥスの治政下、ローマ独特の間接統治によりヘロデ王（在位、前三七―前四年）が治めていた。息子たちもヘロデと名のったので、ヘロデ大王と呼ばれることが多い。

「キリスト」とは、将来の王・救い主となるべく頭に油を注がれたもの、という意味の語で、古代ユダヤ教時代から用いられていた宗教的称号メシア（メサイア）のギリシア語訳だが、キリスト教徒はナザレの人イエスについてのみ用いるようになった。

ユダヤ教は、何千年も前からユダヤ人（古代ではヘブライ人と呼ばれていた。ヘブライとは異国からパレスチナに移ってきた者たちの意。そしてヘブライ人のことばを通常ヘブライ語またはヘブル語という）が信仰する一神教の宗教である。ユダヤ人が現代でも民族と信仰の祖としているアブラハムとその一族は、紀元前一八〇〇年頃の遊牧民と推定されている。

ユダヤ民族は人口数からいうと実に弱小で、その定住地パレスチナはチグリス・ユーフラテス両河域のメソポタミアと、ナイル河畔のエジプトとを結ぶ三日月地帯の通路上にあり、史上絶えることなく外国軍にしいたげられ、幾度もの民族離散を経ながら、現代まで滅亡することなく生き残っている史上稀な民族である。

　彼らが伝え守ってきたヘブライ語の宗教文書は、各巻それぞれ教典であったが、西暦一世紀の末に全巻がようやく一つにまとめられ、改めてユダヤ教の「正典」として公認された。これがキリスト教成立の母胎ともなるが、キリスト教の新約聖書と区別して旧約聖書と呼ばれる。旧約（Old Testament）とは、イエスの時代より前の、神とヘブライ人との間の契約、神の約束ということで、新約（New Testament）はイエスによる神と人との間の契約、神による救いの約束の意味である。私たち日本人には社会生活一般にも契約思想が今はまだきわめて希薄であり、まして神と人との契約という発想は理解が難しい。

　さて、西暦前二、三世紀の頃にはすでに現在の旧約聖書とほぼひとしい形ができていた。しかし、地中海地方の各地に離散して（ユダヤ人ディアスポラ）、すでにヘブライ語を理解できなくなった者も多いため、かなり長い時間をかけて、地中海世界共通語のギリシア語旧約聖書が、西暦前二世紀末にアレクサンドリアで成立した。その用語は古典ギリシア語と区別してコイネー（標準）ギリシア語と呼ばれている。ユダヤ民族一二部族の数にちなんで、その六倍の七二人の学者が七二日で訳した、というので『セプトゥアギンタ』（七十人訳聖書）と呼ばれる。実際はもっとずっと多くの人手と数十年の年月を要したにちがいない。もとのヘブライ語原典と比較すると、非常に質の高い部分と、拙劣な訳文が混じっている。

アレクサンドリアの学問レベルは非常に高いものであって、ヘブライ語原典からの訳出をした人びとの質が低かったわけではない。後述するように当時のヘブライ語聖書は子音だけを記していたので、正確な訳の困難な場合があった。ヘブライ語を読むのは私自身の小さな経験から言っても難しい。

この『セプトゥアギンタ』の存在が、初期キリスト教にとっても「聖書」として重要な役割を果たす。というのは、イエスの人格と教えを中心とするキリスト教の新約聖書は、イエスの死後に弟子たちによって書かれた厖大な諸文書の中から選ばれた文書類が二世紀にはほぼ現在の形、分量の一冊となって広く読まれ用いられるようになったが、最終的には全二七巻からなる「新約聖書正典」として認められたのは実に三九七年のことだからである。

ところでこの「七十人訳聖書」が必ずしも完全無欠な訳ではないことが知られて、西暦一世紀から二世紀にかけて、かなりの数の校訂版が出ている。ウルフィラも旧約聖書の訳出に当たっては、無条件でこの七十人訳に従ったのではなく、既述のように当時帝都コンスタンティノープルで知られていたそのほかのギリシア語校訂版も参照している。それだけでなく、彼はヘブライ語やアラム語にも通じていたので、ヘブライ語の原典にも当たった。残念ながら『銀文字聖書』は新約聖書の福音書の部分しかなく、彼の訳による旧約聖書のごく一部が『銀文字聖書』とは別に残っているだけなので、旧約聖書のウルフィラ訳全体の質は完全には確定できない（一四〇頁以下、「ゴート語の文献」の項参照）。

各地に離散したユダヤ人たちはたくましく生き続け、各々の土地にユダヤ教の礼拝堂（シナゴーグ）を建て、ヘブライ語及びギリシア語訳の旧約聖書を拠りどころとして祖先伝来の信仰を厳格に守り続けた。この離散ユダヤ人の存在が、キリスト教の成立と宣教とに計り知れぬ地盤基盤を与えることになった。

初期のキリスト教徒

キリスト教は、イエスの生前には成立しておらず、彼の死後に出来た宗教である。

イエスはナザレの大工の子として育ったが、当時のユダヤ人一般の常として、文字の読み書きや宗教教育はしっかり受け、三〇歳の頃に家を出て、ヨルダン川でヨハネにより洗礼を受け、神の国の到来を説いてユダヤ民族の悔い改めを訴えた。はじめはパレスチナ北部ガリラヤ湖北岸地帯で活動した。今でこそこの地域はユダヤ人入植者たちの努力によって緑したたる沃野だが、かつての湖岸は伝染病が多発する沼地、内陸は草の乏しい荒地で、人びとは羊を飼って生活をしていた。貧しくとも穏やかに暮らしていたと想像されているが、実は人類史上初めての組織的テロリスト集団ゼロータイ党が反ローマ運動を開始した地でもあった。

イエスは、神が厳しい裁きの主であるというよりもむしろ慈悲深い「父」であり、人間はいっさいの偽善を排して互いに赦し合い相愛すべきであると説いた。貧しい庶民大衆の反応は大きかったが、その中にはイエスは占領者であるローマ帝国から祖国を解放してくれる救世主なのではないかと期待する人がかなりいた。イエスの真意とのすれ違いは悲劇的でもあった。これらすべてのことが、戒律を重んずるユダヤ教指導者たちの疑心暗鬼と憎しみを買って讒訴《ざんそ》され、ローマ軍によりエルサレム郊外ゴルゴタの丘で十字架にかけられて死ぬ。

弟子たちはイエスが死後三日目に死人のうちから復活したことを確信し、イエスをメシア（ギリシア語でキリスト）と信じてその教えを伝える運動を始めた。これをキリスト教宣教とか伝道という。最初のうちはエルサレム市内と北辺のガリラヤ地方とに、それぞれ数十人からせいぜい一〇〇人ほどの集団が出来ていただけらしい。弾圧と迫害を受けてかえって教勢が伸びた。二、三〇年もしないうちにシリアの港湾都市アンティオキアやアナトリア半島の小アジア各地、さらに帝都ローマなど、地中海地方の各地に教えが広まっていった。

初期のキリスト教は、離散ユダヤ人や各地の貧しい下層民や奴隷たちの間に広まっていったが、それが次第に社会の上層へボトム・アップ的に伝えられていった。ユダヤ教の礼拝堂を借用もしたが、ユダヤ独立戦争（一、二世紀）に参加しない平和主義のキリスト者たちはユダヤ教本流から排斥されるようになり、一般民家や、ローマなどでは激しい迫害を避けるべく地下墓所（カタコンベ）に集まって祈っていた。

こうして「集まった者」というギリシア語のエクレシア ekklēsia が、「キリスト教の教会」の意味でも用いられるようになる。教会とは、高い塔がそびえる建物や教団組織のことではなく、イエスの名によって人びとがつどう集会やその「場」という意味なのである。ウルフィラも「教会」の訳語には、ほぼギリシア語の音に近いエクレシオと記している。これが現代のフランス語ではエグリーズ（教会）となっている。やがて「集まり」は組織や礼拝堂建築の意味にもなった。

「教会」を表す英語のチャーチ、ドイツ語のキルヒェはギリシア語のキュリアコン（主に属する）から来たもので、ラテン語のミサに必ず用いられるキリエ（キュリエ）**kyrie**＝「主よ」と同根である。「教会」は、宗教集団の組織及び建物の両方に用いられる。

なお、余計なことながら、パリのノートル・ダム大寺院、ヴェネツィアのサン・マルコ寺院などというのは仏教に対して的はずれで、寺や寺院（院は寺の支院の意）は、東南アジアのパーリ語でいう「テラ」（長老）からきた仏教用語である。中国では「寺」はもともと役所のことだった。キリスト教の礼拝堂は寺院とはいわず、教会、聖堂というべきである。また、大聖堂とは司教がいる司教座教会のことで、必ずしも大きい建物である必要はなく、建物としては小さい場合もイタリア語やドイツ語でドゥオモ、ドームといい、仏英語ではカテドラーレ、キャスィードラルという。

初期キリスト教の受け皿、ギリシア語

話を初期キリスト教に戻そう。ナザレの人イエスは、読み書きはヘブライ語を用いていたが、日常会話にはヘブライ語と同族のアラム語を使っていた。新約聖書のあちらこちらにイエスの発した語として、当時のアラム語の単語や文章が記載されている。しかしイエスはギリシア語、ローマのラテン語も理解し、ギリシア語での会話もできたことが新約聖書からうかがわれる。

旧約聖書はすでに述べたようにヘブライ語と、ごく一部分がアラム語で記されており、それが前二世紀のころギリシア語に訳されて地中海地方に広く用いられたが、イエス自身とその弟子たちはヘブライ語とアラム語の原典旧約聖書を学び、用いていた。

キリスト教が確たる形と力をもつようになった一世紀末から二世紀にかけて、地中海地方全域で聖書といえば、旧約聖書も新約聖書もギリシア語で記されたものと決まっていた。新約聖書後半に多く収録されている使徒パウロ――彼もユダヤ人であった――やイエスの直弟子ペトロたちの書簡は、もちろんはじめからギリシア語で書かれている。ローマ帝国の西半分でも、人びとはギリシア語を完全に理解し使用していた。

二世紀半ば頃から次第にローマのラテン語が宗教的にも力を増し、ヒエローニムスによる『ヴルガータ』以前にかなりの数のラテン語訳聖書があったことは既述のとおりである。しかし、ゴート人ウルフィラにとってはギリシア語が聖書のことばだった。そしてゴート語が母語であり日常語であった。だから人びとのためにも聖書全巻をギリシア語からゴート語に訳す必要があったのである。

ことばの宗教へ

一世紀末から二世紀初頭の頃の初期キリスト教は、ユダヤ教伝来の旧約聖書を基盤としながらも、ナザレの人イエスをキリストと仰ぐ、単純明快で素朴な信仰者集団だった。ところが構成員に次第に各地の知識層が加わってくるに従い、「単純素朴」のままではすまされなくなる。

ギリシア哲学の思考と論争とに鍛えられていた知識人が入信したり、あるいは外部から激しい論争をいどまれるにつれ、初期のいわゆる原始キリスト教徒たちは理論武装を余儀なくされる。つまりユダヤ教の宗教的伝統とヘレニズム文化との両者を相手に、自己を思想的に確立していく必要に迫られたのである。さらにそのうえ、キリスト教として宣教が進んで広がっていった地域がローマ帝国の版図だったから、ローマ法の世界の中で法的な理論武装もしっかりしなければならない。権力による迫害もある。

こうして西暦二世紀以降の初期キリスト教は、文字どおり「ことばの宗教」という性質を濃く帯びるようになる。人間一般のことばとは別の意味であるが、「ヨハネによる福音書」冒頭に「初めに言《ことば》があった」という記述が出てくることも、この事情と無関係ではない。

むろん信仰者の宗教的体験や霊感が重要だったことは言うまでもないことで、けっして「ことば倒れ」だったわけではないが、他の宗教には見られぬような信仰の厳密な理論的体系化と信仰集団の組織化が著しい宗教となっていく。こうしなければ初期キリスト教は生きのびていけなかった。

四世紀半ばまでにはほぼ確立した体系化は、大ざっぱに言って次の三点にまとめられる。

第一に、聖書。イエスの生涯と教えを直接的に記録した四つの福音書と、使徒たちの書簡などを厖大なギリシア語の文中から選び抜いて正典として定め、ユダヤ教以来の旧約聖書をも合わせて正典とし、それぞれ旧約（古い契約）、新約と名づけた。

第二に、現代二一世紀にも伝わり用いられている使徒信条など、信仰信条（クレドー、信仰告白）に結晶した、かなり短い文章の制定。儀式としては洗礼と聖餐式という典礼に集約される。ユダヤ教のいけにえの供犠はすっかりなくなり、割礼という宗教習慣も排除する。

第三に、信徒集団すなわち教会の中の組織上の職制。イエスの直弟子たちの時代つまり一世紀後半には、使徒や長老、執事などの自然発生的な役割分担はあったが、次世代になると各地に信徒数が増大し、さらにローマの法制社会内で生き抜くためにも教会内のこまかい職制が確立されねばならなかった。司祭、司教（主教）、大司教（総主教）などの緻密で厳格な職制が定められ、西のローマ・カトリック教会、東方のギリシア正教内でそれは現代にも保たれ続けている。

これらの実行、実施は地中海世界の共通語だったギリシア語（コイネー）によって行なわれた。旧約聖書もすでにコイネー・ギリシア語訳の『セプトゥアギンタ』で読まれていたし、新約聖書はもともとギリシア語で記されていることは、すでに述べたとおりである。

四世紀半ば、アンティオキアとエジプトのアレクサンドリアの神学校には、ギリシア語とラテン語の書物が（すべて手写本）、聖書のほかに数千巻ずつあったとされる。そのうちの重要なものを学生は音読してほとんど暗誦し、かつ手写し、さらにそれらについてギリシア的に論争議論をする猛訓練を受けた。討議論争方式は現代のヨーロッパにも一般に伝わっている教育の特性と言っていい。私たち日本の教育では難しいとされている。

ウルフィラは留学先のアンティオキアでそうした教育を足かけ五年も叩きこまれたのだが、ギリシア語も母語であったうえ、幼くしてラテン語の教育も受けたらしい彼には、アンティオキアでの猛勉強に当たって、ことばの苦労はまるでなかったと思われる。

正統と異端の論争

話を一、二世紀に戻そう。

どの宗教も迫害を受けたり、内部での論争というものはあるだろう。しかし初期キリスト教ほど、外部（国家権力）から迫害を受け、異教から圧力をかけられ、内部では正統と異端論争に血みどろになった宗教はない。

異端論争は、「ことばの宗教」と言われるキリスト教の業《ごう》のようなものだ。信条文制定や聖書文書選定に当たって、一言半句ごとに帝国内の各地で歯に衣着せぬ論議が交わされる。そのうえ、外部の異教や文化からの宗教的・思想的影響もある。たとえばギリシア哲学の影響が強いグノーシス（知識）派が教会内にも生まれ、ペルシアのゾロアスター教の影響を受けたマニ教も内部に広がる。四世紀最大の教父・聖アウグスティヌスさえ、長きにわたってマニ教を信奉していたほどである。

教会内での最大の異端論争は、いわゆる「三位一体」論争だった（後述）。聖書にはない、後世の人びとの起こした論議である。父なる神と、子なるイエスと、神の発する聖霊は位相上一体なのか、それとも三者に上下の順位があるのか。一体とするアタナシウス派と、上下の順位があるとするアリウス派とに、議論はまっぷたつに分かれた。論争と文書合戦は、皇帝による両派それぞれの指導者の追放合戦ともなった。

このような教会内の異端論争、他宗教からの挑戦、そしてギリシア哲学の圧倒的な精神的外圧。これらに耐え抜いた初期のキリスト教会は、理論武装をなしとげて中世の教会につないでいったわけで、その精神構造は中世のゴシック建築の精緻壮大な石組みに似ているとも言えるだろう。そして教会内の異端論争は、ある意味で信仰の教理的思考を前進させるバネとなったとも評価される。

初期キリスト教の苦難は、しかしこれだけではない。もっと凄まじい外的迫害が加えられ続けた。

初期キリスト教への迫害

キリスト教は、一世紀から四世紀初頭まで、各地で迫害され続けた。

まず最初は一世紀、ユダヤ人同胞からの、つまりユダヤ教徒からの迫害である。イエス没後（復活、昇天後）に集団《エクレシア》となった弟子たちの群れのうち、比較的旧来のユダヤ教に近い日常生活をし、エルサレムの神殿参りをしていたグループは無事だったが、ヘレニストと呼ばれる非ユダヤ教的なグループはユダヤ人から激しい迫害を受けた。彼らは祭壇へのいけにえや割礼などの儀礼を否定して純粋にイエスの教えだけに従おうとした人たちで、指導者だったステファノ（ステパノ）は石打ちによる死刑に処せられた。西暦三五―三六年頃のことと推定されている。また、イエスの実弟（従兄弟とも）で、復活のイエスを信じて初代教会のためによく働いたヤコブも六二年に殉教の死を遂げたとされる。

一世紀後半から二世紀にかけて続いた対ローマの第一次、第二次ユダヤ戦争の結果、全てのユダヤ人はエルサレムに足を踏み入れることを禁じられ、ほとんどが亡国の民として世界各地に離散していった。イエスを信ずるユダヤ人たちはユダヤ戦争に加わらなかったけれども、彼らも同じ運命にあって国を追われた。それ以後、ユダヤ教によるキリスト教徒迫害はさほどのものではなくなった。

一世紀の特に大きな迫害といえば、ローマ皇帝ネロ（在位五四―六八年）による六四年の迫害であろう。ローマ市内の大火ののち、キリスト教徒たちが放火犯とされて大量虐殺された事件である。この事件は史上あまりにも有名だが、ローマの大火に皇帝が動揺し、社会内の異分子キリスト教徒に罪を負わせることで民衆の敵意・不満を逸《そ》らす効果を狙ったものであった。

やがてキリスト教徒であるということだけの理由で人びとに迫害が加えられるようにな

る。自らを「主にして神」と呼んだドミティアーヌス帝（在位八一―九六年）、五賢帝のひとりトラーヤーヌス帝（在位九八―一一七年）、同じくマールクス・アウレーリウス帝（在位一六一―一八〇年）などの治世下の迫害が知られている。しかしこれらは局地的かつ断続的なもので、皇帝ないし政府主導というよりは、民衆一般の反キリスト教的感情や意識が先行したものであって、教会に対する取締りには時期により皇帝によって緩急の差があった。

しかしデキウス帝（在位二四七―二五一年）以後の迫害は、それまでとは明らかに異なって、国家の体制を危うくする反逆者取締りの様相を呈した。民衆主導ではなく国家の名において残酷な迫害が行なわれるようになったのである。なぜか。ローマ帝国が衰弱しつつあった当時、強靭な組織と死をおそれぬ信仰者集団は、国家の中の国家ともいうべき不気味な存在と考えられたからである。

迫害を耐え抜いた人びとの信仰は、おのずから鍛えられ純化されていった。そして三三六（三三七説も）年、コンスタンティーヌス大帝の受洗という劇的な変化をもたらすこととなった。大帝は政治にキリスト教を利用した。しかし、死を前にした受洗は、迫害に耐え続けた信徒たちの生き方に心を動かされていた結果であろう。

しかし迫害が終わったわけではない。四世紀半ばのゴート人の中での迫害については前述したが、キリスト教とその教会への世界各地での迫害は、実は現代でも完全に終わったわけではない。

それはともかく、ローマ帝国内での三世紀後半の迫害は、教会財産の没収、聖職者の投獄処刑、一般信徒の処刑など、日本でのキリシタン禁制と通ずるものであった。しかし迫害が激しければ激しいほど、教会の組織は内的に強靭になりまさり、信徒たちの信仰はますます強くなっていった。あなどりがたいこの力が、三八〇年のローマによるキリスト教の国教化へとつながった。ガリラヤ北辺の武器を持たない小さな集団が、大ローマ帝国に勝ったと言われるゆえんである。

三位一体論

西暦三一三年、コンスタンティーヌス大帝とリキーニウス帝が出した有名な「ミラノ勅令」によって、キリスト教はそれまでの国家に反逆する邪悪な新興宗教から一転して、帝国内での公認宗教の一つとなった。現代風に言えば国家に容認され、他宗教と並んで宗教法人格を得たことになる。

公認以前のキリスト教はその精緻な教義をまだ完成させてはいなかった。ギリシアの教養、哲学を身につけた知識人が続々と入信してくるに及んで、高度に知的な教義論争が始まっていくのである。

コンスタンティーヌス大帝は公認教会を国家機構のなかに取り込むべく、論争に介入し、三二五年にはニケア（ニカイア）に第一回の公会議を招集し、自ら議長を（少なくとも始めのうちは名目上でも）つとめた。帝国全地から約三〇〇人の司教らを集め、書記や秘書役を入れると一〇〇〇人を超える教会聖職者たちが一堂に会して、とくに三位一体の議論を戦わせた。現代でもカトリック教会で厳正に行なわれるこの「公会議」は、八世紀終わりまではローマ教皇でなくて帝国皇帝がこれを招集し、旅費その他の莫大な経費は全て国費でまかなわれた。公会議で異端とされた者は、教会が、国家権力を借りて国外追放や破門などの処分をした。

ところが、第一回ニケア公会議で、三位一体論に一応の結論が出たにもかかわらず、その後約一世紀にわたって議論は絶えず蒸し返されて、教義理論面で大混乱を続けた。これが、ウルフィラが生きた四世紀の教会だった。

三位一体説をごく簡略化していうと、父（なる神）と子（なるキリスト）と聖霊（ホーリー・スピリット）の三者が一体のもの（神）なのだという考え方。これに対して、キリストは「子」として「父」から生まれたものであり、聖霊は子なるキリストに従属する、つまりは神は唯一であるというのがアリウスArius（二五〇頃―三三六年頃。ギリシア語ではアレイオスという）の反駁で、ここからアリウス主義という教義が生まれ、激論が続くこと約一〇〇年。五世紀以降になって三位一体説が正統となって現代に至っている。

アリウスはアレクサンドリアで弾劾、破門され、前述の親友エウセビウスのもとに助けを求め、コンスタンティーヌス大帝に許されたが、その直後、帝都の路上で急逝した。三二五年の公会議のときは三位一体の説をとっていた大帝も、エウセビウスの力で、アリウス―エウセビウスの従属説をよしとするようになる。その子コンスタンティウス二世も同様だった。

これだけなら人の内面の信仰の問題に留まったかもしれないが、穏健なアリウス主義だったウルフィラの熱心な伝道のおかげで、ゴート族だけでなく、何と全東ゲルマン諸族はことごとくアリウス派となって数百年も続いた。正統派とされる三位一体説が完全に西方教会の信仰となるのは、ゴートをはじめ東ゲルマン諸族がことごとく打ち破られ、地上から姿を消したときのこと。ガリア（今のフランス）に侵入してフランク王国をつくった西ゲルマンのフランク族でさえ、ほとんどアリウス派に傾いていたのに、ガリアのローマ教会に接触し、いわば「改宗」したのだった。

ウルフィラの教義上の見解は、聖書翻訳には影響していない。ウルフィラは、何よりも原典に忠実に、正確さを求めて訳業に立ち向かった。しかしそれは私たちの想像をはるかに超える、一生をかけた難事業であった。

Ⅱ 「神」の発見

「グス」ということば

テオス（デウス）を何と訳すか

ウルフィラが旧約・新約両聖書のゴート語訳を四〇数年にわたって営々とつづけた年月のなかで、最初に出会った、しかも最も難しい問題は「神」を何と訳すか、だった。「原始《はじめ》に神天地を創造《つく》り給へり」――「創世記」一章（文語訳）

幼いときから彼の思念のなかで、全智全能の至高者・創造主は、ギリシア語の、ho theos「ホ　テオス」（古典ギリシア語発音）

であった。それ以外はけっしてありえなかった（当時の俗調で、「テ」を「セ」として、「ホセオス」と発音することもあった。「ホ」は定冠詞。なくてもよい）。

ウルフィラにとっては生まれおちたときから当然至極で、それ以外の名称はないこの「テオス」を、ゴート語に訳そうとしたとき、彼は愕然とした。受け皿となるゴート語にはこれに対応することばがなかったのである。幼少のころから全ゴート人たちのために、たとえば同時通訳をしてやるようなときには、ギリシア語のこの語そのままを使っていた。訳語がないからやむをえなかった。

ゴート人の宗教は自然宗教の多神教で、多くの神々を同時並行しておがむ。八百万《やおよろず》の神々にはそれぞれ神話的な名前がある。ゲルマン諸族の神々はほとんどが部族間で互いに共通していたが、不思議なことに、ワーグナーの楽劇にもよく登場するヴォーダンは、他のゲルマン諸族にとっては主神なのに、ゴート人の宗教世界にヴォーダンはいなかった。主神というものはないのである。まして、唯一神の存在を認めてこれを信仰する一神教は、ゲルマン諸族そしてむろんゴートにも存在しなかったから、唯一神をあらわす名称はない。ないものを訳せるわけがない。

ゲルマンのことばに、神々を全体として一括していうことばはあった。アンスという。神々の集団、神々の世界をさし、その中のひとりひとりの男性や女性の神々にもそれぞれ名称はあった。しかしそれらの神々や人間や自然界を超越した、絶対的な唯一の神という発想はなかったから、名称もない。アンス（神々）をテオスの訳語にすることなどは論外である。

これまでは口頭でテオスと言っておれば、前後関係で何となく至高の尊いものを示しているとみなが感じとってくれた。自分でもそれでよしとしていた。ほかにもこういう音を借りる借入語の例は、たくさんある。どうしても訳せない語については仕方があるまい。

しかしウルフィラは考えた。他のもろもろの訳せぬことば、つまりユダヤの世界にはあってもゲルマンの天地や人の心にないものについては借入もやむをえないかもしれないが、絶対者である存在を外国語であるギリシア語のままで済ませたのでは、信仰する心の奥底は落ち着かない。何よりも大切なことばではないか。何としてでも、母語でなければならぬ。この一点に、聖書翻訳の成否がかかっていた。

ヘブライ語から地中海語へ

ヘブライ語の世界でユダヤ人の信仰は培われた。それは中近東とパレスチナの荒野と砂漠の中で、何百年、何千年もかけて結晶していった強烈な唯一神宗教であって、地中海世界の多神教とはまったく異質だった。

しかし少数民族ユダヤ人の宗教が、聖書（旧約）という文書によって、ギリシア世界にじわじわと入り、ついにギリシア語訳聖書がキリスト降誕より前に出来た。ということは、ユダヤ教の神が地中海世界に入っていったことを意味する。

旧約聖書のヘブライ語では、創造主である唯一の絶対者は、

エロヒム Elohim（’^{e}lōhîm）

と呼ばれている。

エロヒムの語頭「エル」が神をあらわしており、神の幼な子＝エル・ニーニョ、神のみ使いたち＝ミカ－エル、ガブリ－エル、ラファ－エルなど多くの語にも含まれている。エルの複数形がエロヒム。至高者への尊称だからユダヤ教の長い成立過程で、エルの複数形・尊称形であるエロヒムとなっていった。

複数形が尊称を表す言語は多い。ドイツ語やフランス語でも中世までは二人称には「お

まえ」のduやtuしかなかった。丁寧な「あなた」にあたる二人称代名詞のSieやvousは、もともとは複数形の「彼ら」(三人称)・「おまえ」(二人称)だったのを、いわば転用して単数の「あなた」(二人称)に昇格させて作ったものと似ているといえよう。英語にもある現象である。

ユダヤ教の神ヤハウェは固有名詞であるが、ユダヤ人はこの名を呼ぶことをおそれ、複数形で**アドナイ Adonai**と呼んだ。英語のGod＝「神」ではなく、英語のLord＝「主」の意。ヤハウェはのちにエホバとも読まれるようになった。ヘブライ語は子音だけ文字表記をし、小さな付点などで母音を暗示するから、ローマ字表記＝**yhwh**を、エホバとも読めるわけである。

ヘブライ語をギリシア語に訳すとき、人びとはエロヒムをそのまま借入せず、もともとあった「テオス」とした。神々の中で格付けが最高のゼウスと対応することばである。ギリシアの神ゼウスは空を支配するが、政治や法律や道徳など人間生活をも支配する。そればかりか、ギリシア神話では、多くの人間の女性やニンフたちに子どもを産ませた。ローマ神話のユピテル(ジュピター)に当たる。

テオスのラテン語訳は「デウス」。テオスやゼウスと極めて近い同根の語である。デウスに含まれているデウ・デイのデ音は、古いインド・ヨーロッパ祖語では「光る、輝く、大空」の意味だった。従ってデウスには、大空から燦然と輝き、照り注ぐ光のイメージがある。なお、ラテン語には定冠詞はないので、「ホ　テオス」の訳はただ「デウス」とだけいう。

ヘブライ語からギリシア語へ、そしてさらにラテン語へと翻訳されていくにつれ、この一語でもかなり意味内容が変わっていく。砂漠で怒り、裁き、柴の中で燃えあがる火の神エロヒムが、空を支配し人間の女性たちを愛してやまぬ最高神テオス＝ゼウスとなり、さらにローマの世界に進むと光り輝く最高存在となる。こうしたことはどのような言語間でも生ずる現象であって、ギリシア語とラテン語のように同じインド・ヨーロッパ語の親近語の間でも起こらざるをえない。抽象的な概念ほどそうで、「神」に関しては思いがけず大きな変貌が起こっても不思議ではない。

翻訳の借入語

地上の人類が持つ言語は、すべて対応性があって翻訳できるといわれるが、翻訳によって変化するのは各語の音だけではない。意味内容も変わる。

むろん、そのことをとくに心配しなくてもいいケースが多い。たとえば――。

聖書が伝えるナザレのイエスの生涯と言行、農業や牧畜、漁業、大工仕事、ローマの税金にかかわることども、イエスの数多いたとえ話など、話としてもよくわかるだけではない。二世紀のギリシア人、三世紀のローマ人、四世紀のゴート人はイエスの生活様式や世界を明快に共感共有し、理解できた。互いに対応することばが、ゴート語の場合にもしっかり整っていた。

軍事用語がとりわけ旧約聖書には多い。石器、青銅器、鉄器の諸時代の軍事用語である。それらをゴート族は、北方からゆっくり南下してくる途中で接触し、深い交渉を持ったケルト民族から学んで、自国語に加えていた。ケルト語から軍事用語を学び借入したゲルマン民族は、ゴート族のほかにはない。ちなみにウルフィラは、戦闘的なゴート人の性向に配慮して、軍事的で戦記の要素の強い「列王記」（上・下）をあえて訳さなかった。

法律用語。ゲルマンにはゲルマンの精緻な法体系があった。ゲルマン法として知られているが、当時はまだ成文化されていなかった。従って法律用語なら、ウルフィラは自作のゴート文字で表記しさえすればよかった。

行政関係のことばは、ローマ帝国用語から若干を借り入れた。

しかし当然のことだが、どう探してみても考えてみてもゲルマン語にはない聖書独自のことばがある。やむなく原音にほぼ近い「借入」を行なっている。

「天使」もその一例だった。ゲルマンの世界には天使はいなかった。これは発音もそのまま借入するしかない。ギリシア語の「使い、天使」のアンゲロスを借入れてアンギルス（英語エンジェルの源）とした。「悪魔」もそうで、ゲルマン世界には悪霊はいたが悪魔はいなかった。やむなくギリシア語の悪魔ディアボロスをその音のまま借入れて、ディアバウルスとしたのが、のちの英語デヴィル、ドイツ語では子音変化を経てトイフェルとなった。

罪人が墜ちていく「地獄」はゲルマンのことばにもあって、ヒュル（覆い）、その動詞ヒュレン（覆いかくす）から生まれた「ヘル」である。いまのドイツ語、英語ともにそう言う。

しかし聖書がいう地獄は、かくれた所などという生やさしいものではなく、もっとおそろしい場所で、ギリシア語では「ゲヘナ」と記されている。ウルフィラはその音を借入して「ガイアナ」とした（「マタイ」五章、「マルコ」九章など）。一方、「ルカによる福音書」一〇章一五節「陰府《よみ》にまで落とされるのだ」の「陰府」には、ギリシア語聖書のままの、プラトンもよく使ったハデス（陰府、冥府）をハルヤという音で借入した。それがいまのドイツ語では、もとのギリシア語音に還ってハーデスとなっている。

「相談相手」である神・グス

国家、権力、栄光、光、罪、禍い、愛、憎悪、悪、善などという抽象語はすでにゴート語に古くからあって、ギリシア語から借入れる必要はなかった。男・女・兄・弟・姉・妹・父・母などはもちろんあるし、祈る、拝むなどもゴート語にしっかりあって不自由はしない。しかし、聖書の告げる唯一至高の神「ホ　テオス」、これはゴート語にない。くり返しになるが、八百万の神々はそれぞれの名を持っている。しかし唯一の神という存在は知られていないから、それを表すことばはない。そもそも聖書冒頭の一行一語を訳すことができないとは！　いったいどうしたらいいだろう。

万やむをえず、古典古代のギリシア語・ラテン語をそのまま借入れて、テオスかデウスにする手もありうる。現に日本でもかつてキリシタン・バテレンによって「デウスさま」と訳されたことがあった。しかし、その頃の日本人の心には根づかなかった。フランシスコ・ザビエルは「大日」と訳してみたが、仏教に大日如来という存在があることを知って止めた。明治に入って、漢語訳聖書では天帝、上帝、天主などとなっている英語のゴッドに、漢字の神（しん）を当てて神（カミ）とした。

ウルフィラは、原音のままの借入語では、唯一の創造神という信仰対象を真に主体的にとらえ、自分自身のものにすることにはならないと考えた。天使や悪魔とはわけがちがう。何とかして自分自身のことばに移しかえたい。母語でなければ心にひびかない。ゴート語にしたい。ウルフィラは苦悩し、調べ、人にもたずねた。

辞典や文献があれば何かふさわしいことばを探せるかもしれない。しかしゴートには辞典どころか文字がない。調査のしようがなかった。人に尋ねるといっても、彼の相談相手になるほどの智恵や知識のある人はいない。ことばのアンテナを高く広く張って、適切なことばはないかと考え続けるほかに方法はない。エロヒム―テオスをゴート語に訳さなければすべては虚しく、意味がない。苦悩の年月が続いた。

そしてついに、ある一語に行き当たった。

ユトランド半島のあたりで古代ゲルマンのキンブリー族やテウトニー族（英語ではテュートン→日本語ではドイツ）が使っていて、四世紀当時にはもう使われなくなっていた古語の、

「グス」

ということばだった。ラテン文字であらわすと guþ となる。Þはウルフィラが作ったゴート文字𐌸を表す便宜上の字体。英語の three の th で、〔ス〕でも濁る〔ズ〕でもない。

万国発音記号で示すと［θ］である。

Guþ グスが Gud（北欧語）、God（英）、Gott（独）、となった。

意味は、「話しかけられ、呼びかけられる存在」さらには「相談相手」である。この存在は男性でもあり女性でもありうるところから中性名詞だった。性がないのではなく、男女の両方にまたがり、どちらをもカバーするから汎性的な意味で中性名詞となっていた。それをウルフィラは「父なる神」にふさわしく男性名詞として用いたらどうかと考えた。そうだ。この語しかない。これが最適である。これでいい。村の長《おさ》が、あるいは魔神が老いた父親のように相談にのってくれる。呼びかけに応じてくれる存在。それを中性名詞のままにしておくことはない。エロヒムもテオスも男性というか、父性ではないか。

ウルフィラの決断、神＝God

ウルフィラはひとりうなずいて、羊皮紙の上に鳥羽根のペン先をおろし、「はじめにグス　天地を創りたまえり」と記す決心をした。いま彼がペン先を羊皮紙の上におろそうとしているこの作業が、ゲルマン世界、ヨーロッパ、いや人類全体に深い影響を及ぼすことになろうとは、思いもよらぬこの一瞬である。

ウルフィラは、ゴート語、いやゲルマン語の「神」をついに発見した。長い模索の年月の後、いま、彼は迷うことなくペンを取り、「グス」と書く。

実にこれがゲルマン諸族に受けつがれ、のちの英語の God やドイツ語の（der）Gott となったのである。なお、上記ドイツ語の括弧内の冠詞は、男性名詞であることを示すのだが、聖書の中では単独で定冠詞をつけて用いることは少ない。

グリム兄弟が編纂を始め、一九六一年に完成した言語学の金字塔『グリムのドイツ語辞典』によれば、「グス」そのものはインド・ヨーロッパ祖語には見出すことができず、ゲルマン語独特のものと思われる。もっともインド・ヨーロッパ祖語にガウ（呼ぶ）ということばがあったらしく、その過去分詞がグートなので、それから生まれたグ・ト・ム ghu-to-m「呼びかけられる存在」がさらに「グス」という短縮形になり、ユトランド半島からスカンディナヴィアで用いられ、これをウルフィラも知って訳語に用いたとも考えられるという。

ウルフィラ個人は北欧に旅したことはないので、尋ね歩き考えあぐねていた彼に、誰かが「グス」の語があることを教えたのかもしれない。いまとなっては明らかではない。ウルフィラ以前にゴート語の文献・文字はないので、検討の途もない。わかっているのは、ウルフィラが史上最初のゲルマン語すなわちゴート語訳聖書において、「ホ テオス（デウス）」を、「グス」と訳した事実だけである。

「神」の劇的な変容、変貌

旧約聖書の神は、中近東の荒野や砂漠の神らしく「きびしく裁いてやまぬ」「義にして怒る」「契約する」神であって、戦いと火の神でもある。荒々しい相貌だった。ヤハウェと口にすることも憚られる恐ろしい絶対の至高者だった。このような神を見出すとき、人間は同時に神に立ち向かう自己を——小さいものであれ——発見するだろう。そしてその神は絶対に「聖なるもの」であって、人間と自然を創造し、同時にそれらを超越している。いわゆる倫理を超える宗教の独自性はこの「聖性」にある。聖なる神は創造主であり、時と永遠の支配者である。神と人間は強く結びつきながら、絶対的に切り離されている。

しかしウルフィラによるゴート語（ゲルマン語）聖書成立のときから、聖書の神は、同時にまた「たえず相談を受けてくれ、対話の相手となってくれる」「父なる神」ともなった。何でも言うことを聞いてくれる柔和で優しい慈父、物わかりのいいだけの「親」になったわけでは決してない。それにしても神の劇的な変容、変貌であった。

翻訳による光の屈折——ラテン系諸語の世界では

一条の光線が水の中にさしこむとき、もし直角、まっすぐにぶつかり、さしこむ場合には、光はそのまま狂いなく直進するだろう。しかしほんのごくわずかでもさしこむ角度が斜めになると、水中に入った光線は今までの進路ではなくて、さらにいくばくかの折れ曲がり、屈折を生ずる。今までとちがう進行方向をとることになる。微妙ではあっても、重大な出来事にちがいない。さしこむ角度が大きければ、屈折も大きい。

ちょうどそれと同じように、ある言語体系のなかのある語を、異言語のもつ音や別の綴りに言い換えて移し置く——つまり翻訳をすれば、角度の大小はあるにしても言語の変容、屈折は必ず起こる。けれども同じスペリングの同じ音のまま新しい別の言語に移すのであれば、変容、変質はほとんどない。

現在のイタリア語、フランス語、スペイン語などいわゆるロマンス諸語（またはラテン系のことば）は古い俗ラテン語（庶民の日常ラテン語）を祖語として発生してきた言語である。多くの語や語法はラテン語のままを引き継いでいる。「神」も、ラテン系の諸語のなかでは昔のラテン語のデウスつまり「光、大空の神」そのままである。少しばかりの発音の変化はあっても、最大でデウスがフランス語のデュー（Dieu）に変わった程度である。古代文化の光の神デウスは語感も内容も変わることなく新しいフランス語という言語世界に、ほぼそっくりそのまま、ほとんど屈折することなく引き継がれている。音のひびきも語の内容も明快そのものである。この明るさがラテン系の文化文明の基調となっているといえよう。神は光であり、世界は輝く光に統一されている。

ゲルマン語の世界では

ところが一方、北欧やイギリス、ドイツなどゲルマン語の世界には、「神」はテオスやデウスそのままでは入ってこなかった。まるで似ても似つかぬ異質な訳語「グス」に移し変えられて伝えられた。

義と怒りと裁きの恐ろしい（旧約聖書的）神は、新約聖書によって放蕩息子を迎える愛と赦しの「父」となり、ウルフィラによって「対話の相手」となった。対話の相手ということは、黙っていないで自分から話しかけ、相手の応答を待ち、議論をしなくてはならない。対話とはモノローグの重ね合いではなく、もちろん会話でもなく、言語による精神と生命のぶつかり合いである。

こうしてゲルマンの人びとは、神を見るとき、素直でなめらかに光を仰ぐのではなく、身構えをし、背筋をのばして対話することになった。古代文化を直線的に受けとらなかったのだから、ある意味で余計な苦労や悩みも背負ったといえよう。自《おの》が罪を負って。

古代から現代に至るヨーロッパ精神の流れの中で、このようなラテン的精神世界とゲルマン的なそれとの違いと対立を、別の視点から見ると、非常に大雑把だが、南方のカトリック世界と北方のプロテスタント的世界の相違といってもよかろう。

どちらも同じ聖書を正典とし、聖書に聴こうとする。そのことにちがいはない。しかし、長い歴史を経るにつれて両世界の間に差ができた。あえていうなら、カトリックは聖書から溢れ出てくる光の豊かさの中に身を置いて、素直に恩寵を受けとる。罪は一回ごとの告解によって赦され消える。教会が堅固に確立されているから、個々の信徒がことばによる理論闘争のような信仰生活をしなくてよい。それに対してプロテスタントは、聖書に向かい合っても各個人が自分自身のことばで格闘しないではおれない。いや、しなくてはならない。議論、論争、ことばの宗教である。頭でっかちになりがちで、重い。混沌に陥りやすくて深刻である。地上の人間としてたえず罪の問題と向かい合い、ついには神とも対話的格闘をしなくてはならない。ヘーゲルやカール・バルトによくあらわれている世界像ではあるまいか。そしてこれこそが真にヨーロッパ的精神のすぐれた一面ともいえるものであり、はるかにウルフィラからの贈り物、重い遺産であった。

東方ギリシア正教の血脈

もちろんここで念のために確認しておかなくてはならないのは、いわゆる文化共同体としてのヨーロッパが、北方のゲルマンと南方のラテンにただ単純に区分されることはなく、また、カトリックとプロテスタントの明々白々な違いのままではないということである。むしろそれら対立するもの同士が衝突し、影響を及ぼしあい、その中で互いがますます自己を確立してきたことは間違いないし、南方のラテン世界の中からプロテスタントの宗教改革者カルヴァンのようにきわめて理性的でラテン的な（事実カルヴァンはラテン語で著述を行なった）改革派が生まれており、その伝統はフランスのユグノーだけでなく、世界中に広がった改革派や長老派といったプロテスタント教会の大きな潮流となって現代に至っている。

ゲルマン的宗教改革の大立物マルティーン・ルターは、カトリック的なマリア尊崇（敬愛というべきか）を生涯捨てなかったし、ものを考えるときは主としてドイツ語ではなくラテン語で思考していた事実がある。重厚な思考と行動の混沌の中に、たえず理性的な明晰さを求めようとして苦悶するエネルギーが渦を巻く。つまりヨーロッパ的精神の奥底には、デウス的なものとグス（ゴッド）的な神の像がせめぎ合い、浸透し合っているといえよう。

さらにヨーロッパには、ウルフィラがその中で教育され、深い痕跡を残した東方のキリスト教世界つまりギリシア正教の血脈が現代に生きている。ウルフィラの「グス」的世界は、ギリシア正教にこそ強く伝えられている、ともいえる。彼の信奉したゲルマン的アリウス派は根絶やしになったとはいえ……。

私たちにはまことに縁遠くて、ふだんは意識にも上らぬ歴史の薄明とも言うべき四世紀のドナウ河下流の地での、一人の男の孤独な作業が、この「神」の訳語ひとつをとっても、どんなに大きな仕事だったたか、何度力説しても足りるものではない。キリスト教世界は、二〇〇〇年にわたって数知れぬほど多くの議論、論争、会議を繰り返し重ねてきたものだが、それはウルフィラのような個なる人間の祈りと奉仕的な仕事が基にあり、継承されてきたのである。風の中の葦のように弱くて小さな人間一人ひとりが、なんと大きな仕事をなしうるものだろう。

主の祈り

呼びかけの「父」

今は地上から消えてしまったゴート語の文献は、まとまったものとしては、銀文字聖書

（以後、書名の『』はおおむねはずす）が唯一のものである。だから、ゴート語はどのようなことばであったのか、ウルフィラの言語感覚はどのようなものであったかを探るには、銀文字聖書を検討していく以外にない。しかし現実問題として全巻を逐一読んでいくことはできないので、ここでは新約聖書の精髄、中核的な教えである「主の祈り」を取り上げて、ウルフィラの訳業の一端を見ていくことにしよう。

「主の祈り」は、「主」であるイエス・キリストが口づてに教え、一句一句繰り返し反復して唱えさせた祈りであるために「主の祈り」という。新約聖書の「マタイによる福音書」（六章九―一三節）と「ルカによる福音書」（一一章二―四節）に記されている。もっとも聖書の中に「主の祈り」という呼称はなく、後世の人が名づけたものである。ラテン語で「オラーティーオー・ドミニカ」oratio dominica、あるいは冒頭の「我らの父よ」のラテン語「パーテル（本来はパテル）・ノステル」pater nosterをそのまま祈りの名称としている。後者のほうがいまのキリスト教会では一般的である。「パーテル」は父、「ノステル」はフランス語の「ノートル」つまり「我らの」である。ずっと東方のスラヴ語、ロシア語では単語はまるでちがうが、「オーチェ・ナーシ」（父よ、我らの）で、語順も意味も同じ。英語は「アワ・ファーザー」Our Fatherまたは「ローズ・プレイヤー」Lord's Prayer。ドイツ語は「ファーター・ウンザー」Vater unserまたはVaterunser。

日本のカトリックや聖公会（チャーチ・オブ・イングランド）では「主禱文」といっていたが、最近はカトリック教会でもプロテスタント教会と同じく「主の祈り」という。

「マタイによる福音書」と「ルカによる福音書」では同じ内容であっても表現にわずかな違いがあるが、現在「主の祈り」として諸教会で用いているのは「マタイ」のほうである。日本基督教団等で用いている一八八〇年の聖書飜訳委員会訳による全文を念のために記しておこう。

天にまします我らの父よ、
ねがわくはみ名をあがめさせたまえ。
み国を来《きた》らせたまえ。
みこころの天になるごとく
地にもなさせたまえ。
我らの日用の糧《かて》を、今日《きょう》も与えたまえ。
我らに罪をおかす者を、我らがゆるすごとく、
我らの罪をもゆるしたまえ。
我らをこころみにあわせず、
悪より救い出《いだ》したまえ。
国とちからと栄《さかえ》とは
限りなくなんじのものなればなり。
アーメン。

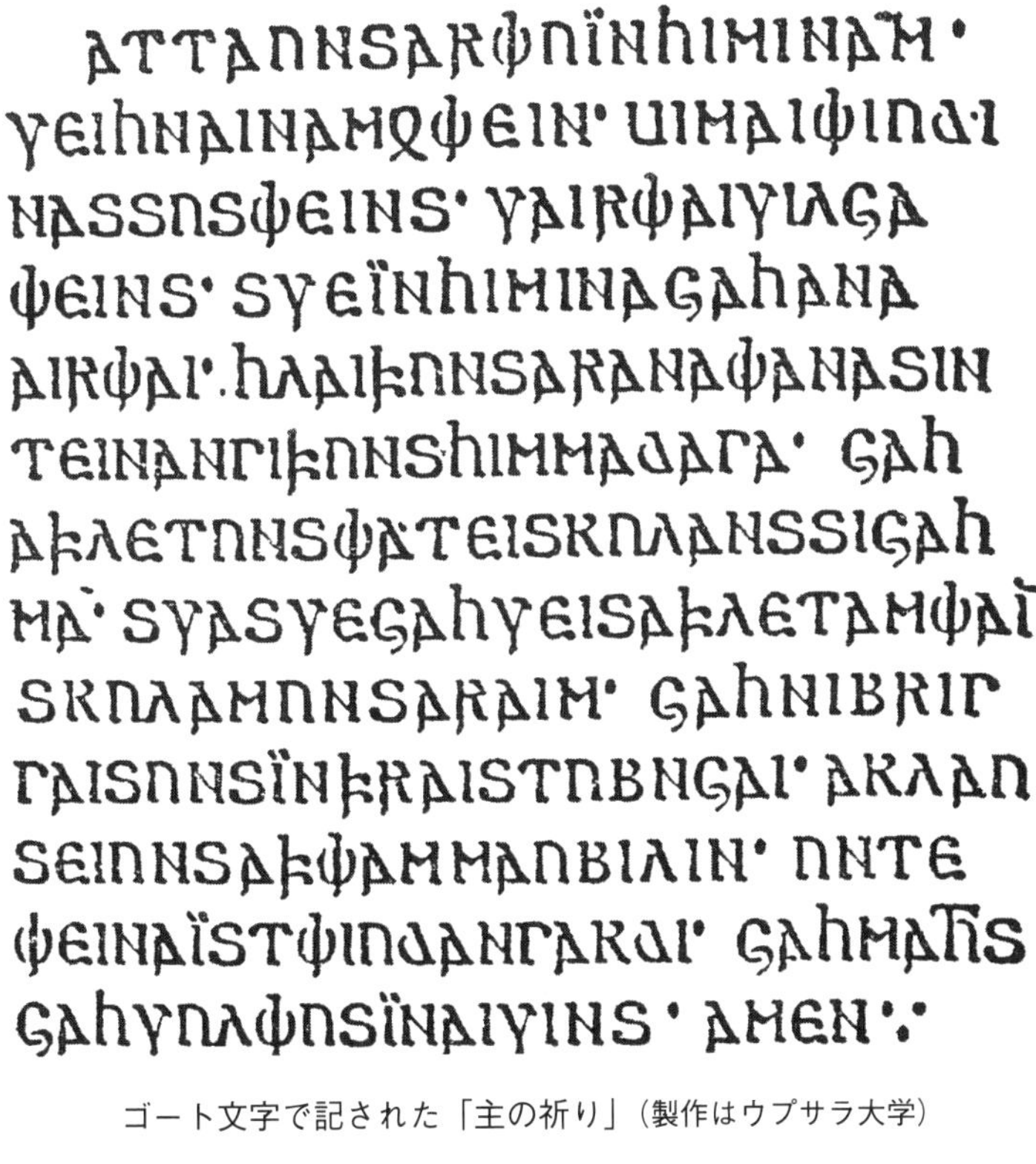

ゴート文字で記された「主の祈り」（製作はウプサラ大学）

ウルフィラは「父」を「アッタ　atta」と訳した

ことばに対するウルフィラの非凡な感覚は、冒頭の呼びかけ「父よ」の訳にはっきり証明されている。銀文字聖書という忠実な写本によってわかるのだが、ウルフィラは、「父」の訳として、

atta「アッタ」

ということばを選んだ。ギリシア語（ラテン語でも）「パーテル」の訳語である。

どこが非凡なのか。実は、ゴート語には「父」を表す「ファーダー」fadarという語彙が厳然として存在していた。今の英語の「ファーザー」fatherやドイツ語の「ファーター」Vaterと深い関係にあることばだ。ウルフィラが用いた「アッタ」ももちろん「父」の意味なのだが、語感としては「お父《と》う」「父ちゃん」なのである。病む子、傷ついた子、飢えている幼児が必死に父親に向かって呼びかける語、それが「アッタ」なのだ。「ファーダー」よりずっと日常的、家庭的、俗語的なことばである。

ゴート民族は父権社会である。勇猛な軍団でもある。従って父親たるものは、尊敬され、畏敬される対象であろう。それなのに、大切な祈りの冒頭のことばが「アッタ＝父ちゃん」でいいのだろうか？

新約聖書の成立の過程については今も研究が続けられているが、「マルコによる福音書」がもっとも古いことはまず間違いないようだ。続いて古いQ資料という文書があったとい

われている。マタイは、そうした先輩たちの伝える資料を用いて彼の福音書を書いたが、父権的ユダヤ教の伝統につかりきってきたユダヤ人たちが、神に対してただ単に「父よ」とは絶対に言わないことを知っていた。父なる神、という三人称表現はあったが、直接呼びかける二人称はユダヤ教社会では絶無であった。神ということばを口にすることさえ畏れ多いとされているのだ。だからマタイは、一般ユダヤ人でも唱えられるように、「天にましますおられる）、我らの」という重々しい修飾語をつけ加えたのである。一種の権威づけを試みたことになるが、結果としてそれが正調となった。

ところが「ルカによる福音書」の呼びかけは、「父よ」だけ。そして、「御名が崇められますように。御国が来ますように。わたしたちに必要な糧を毎日与えてください。わたしたちの罪を赦してください、わたしたちも自分たちに負い目のある人を皆赦しますから。わたしたちを誘惑に遭わせないでください」と続く。イエス自身の発語に近いのはルカのほうだというのが定説である。

ウルフィラは、「マタイによる福音書」「ルカによる福音書」の両方ともに「アッタ＝父ちゃん」を用いた。重々しい正調の「マタイによる福音書」のほうでは「ファーダー」を用いるべきではなかったか？　いや、ウルフィラはそうはしなかった。むしろ、ウルフィラの真骨頂ここにあり、なのである。

旧約聖書のヘブライ語では「父」は「アブ」、族長アブラハムの「アブ」である。このヘブライ語「アブ」もギリシア語訳では「パーテル」になった。ギリシア語で編集された新約聖書の「父」はもちろん最初から「パーテル」である。

ウルフィラもほとんどの場合は、「神（グス）」である「父」を「ファーダー」と訳している。現存の銀文字聖書で「アッタ」が確認されるのは、「主の祈り」と他に次の二個所だけである。一個所は、ラザロという青年の死をいたんでイエスが涙を流して神に祈ったとき。「父よ、わたしの願いを聞き入れてくださって感謝します」（「ヨハネによる福音書」一一章四一節）の「父よ」。もう一個所は、有名な放蕩息子の物語（「ルカによる福音書」一五章一一―三二節）で、息子が「お父さん、わたしがいただくことになっている財産の分け前をください」「お父さん、わたしは天に対して、またお父さんに対しても罪を犯しました。もう息子と呼ばれる資格はありません」と言うとき。極めて重要なところである。

なぜ、ウルフィラは「アッタ」を用いたのか

なぜ、ウルフィラはこれらの箇所に「アッタ」を用いたのか。「ヨハネによる福音書」ではイエスの肉声であること、「ルカによる福音書」では父親に対する子どもの素直な真情が吐露されている場面であることが、その理由だろう。甘えたり泣き崩れたりする息子の必死の声は、「お父様」「父上」の語感を持つ「ファーダー」では伝わらないとウルフィラは考えたのだ。

これ以外では、「アッタ」を単独で用いることはなく、ほかの指示語など一種の冠詞的な語を加えて合成したり、「ファーダー」を使ったりしている。

イエスはいくつかの言語を体得していたといわれているが、日常ではアラム語（ヘブライ語の一種）を使っていた。そのアラム語で「父」は「アッバ」という。ヘブライ語の「アブ」と近いことばだ。新約聖書には、この「アッバ」が一個所だけ原語で残されている。十字架刑につく前夜、イエスはこう祈った。

「アッバ、父よ、あなたは何でもおできになります。この杯をわたしから取りのけてください。しかし、わたしが願うことではなく、御心に適《かな》うことが行われますように」（「マルコによる福音書」一四章三六節）。

アラム語の「アッバ」だけでは、広範囲のさまざまな地域の人にはわからないだろうということで、「マルコによる福音書」成立当時から、「アッバ、パーテル」と重ねて記されており、以後どの言語でもそれを踏襲している。日本語の聖書もしかり。

この痛切な祈りのときに使われ、残された「アッバ」ということば。なんとウルフィラの母語ゴート語の「アッタ」と音が響きあっているではないか。奇蹟のような偶然！　イエスの肉声は「アッタ」がいい――ウルフィラはそう確信した。だから、重々しい修飾語が付け加えられた「マタイによる福音書」の「主の祈り」においてさえ、イエスの生《なま》の声に近い「アッタ」を用いたのだ。信仰の篤さのなせる業というべきか。ウルフィラがイエスにむしゃぶりついたというべきか。

残念ながら銀文字聖書では、「マルコによる福音書」一四章の当該箇所の羊皮紙が小部分破損している。しかし、この祈りにおける「父よ」をウルフィラが「アッタ」と訳したことは間違いないだろう。

イエスが「主の祈り」に「アッバ」を使ったという証拠はルカ以外にはないが、それ以外の可能性もない。新約聖書にはギリシア語で「パーテル」と記されている。にもかかわらずウルフィラは「アッタ」というゴート語を選んだ。翻訳者の越権だろうか？　いや、ウルフィラは人びとが日夜親しみをこめて神（グス）と対話できるように、確信を持ってこのことばを選んだのだと思う。

なお、ひとつ残念なことがある。ウルフィラが魂をこめて訳した「父＝アッタ」は、その後ドイツ語を含む諸国語、諸ゲルマン語では痕跡もなく消え去り、ファーザー（英）、ファーター（独）としか訳されていない。もともとギリシア語も次代のラテン語も「パーテル」としか記されなかったのだから止むを得ないとはいえ、残念である。アッバ＝アッタほど、どんぴしゃり適合する語が他の言語にはなかったのだ。

定冠詞がないゴート語

「主の祈り」の呼びかけのこの第一行目は、単語二個ずつが、つながっている。

「私たちの　父」

「天　にいる」

二語ずつから成る二句の中間に、ギリシア語では、「ホ」という一文字の定冠詞が置かれていて、二句をつないでいる。すなわち「パーテル　ヘモン　ホ　……」となっている。

「ヘモン」が「私たち」の意。「ホ」は、英語の「ザ」や「ザット」に近い定冠詞兼指示代名詞で、ときには関係代名詞のような働きをすることもある。

　しかし、なぜ定冠詞「ホ」が、何かの名詞の前でなく「天にいる」という句の前にあるのか。理由は簡単である。もしここに「ホ」がないと、この呼びかけのことばは、「私たちの父は　天にいる」という叙述の文章になってしまうからである。ギリシア語の文章やラテン語ではこのようにbe動詞を省いて文章をつくってしまう。

　ところがここに一語「ホ」があると、文章の流れはいったん止まり、冠詞の「ホ」がまるで関係代名詞のように働いて、「天にいるところの私たちの父」と、前にかかっていくことになる。ギリシア語のおもしろいところだ。

　困ったことに、ゴート語には定冠詞なるものがない。ラテン語にもない。ラテン語直系の子どものようなイタリア語やフランス語には定冠詞や不定冠詞があるのに、そのもとのラテン語にはない。ギリシア語にはあるのになぜなのか。私にはわからない。さらにいえばドイツ語や英語には定冠詞があるのに、ゴート語にはなかった。

　構文のそっくりなギリシア語から一語一語をゆるがせにせず、徹底的に逐語訳をしようと努力したウルフィラは、ここでどうしたろうか。ないものは仕方ないから、とばしただろうか。いや、とばすなどということはせずに、別の手を打った。

　二人称代名詞のþu〔スゥ〕を、定冠詞代わりにここにおいた。ドイツ語のdu〔ドゥー〕、フランス語のtu〔テュ、チュ〕にあたる語で、ただの「ス」ではなく、ゴート語特有の文字で記す上歯裏の摩擦音、英語のthの音である。単語のもとの意味は「なんじ、おまえ」である。

この二人称代名詞「スゥ」を、ウルフィラはしばしば「なんじ」の意味をこめたまま、一種の関係代名詞として使っている。その結果、この一行は「お父う……そうだね、それはな、おまえ（と一呼吸おいて）……天にいるんだよね」といった語気になる。たかが冠詞ひとつとはいえない巧みな構文法である。ギリシア語の「ホ」をゴート語の「スゥ」に訳して、重い意味を加えたともいえる。

結果、ゴート語訳はこうなった（便宜のためにラテン語の小文字で分かち書き表記）。

atta unsar þu in himinam〔アッタ　ウンサル　スゥ　イン　ヒミナム〕

「天に在《あ》る　私たちのお父さん（お父《と》う）」

驚くべきウルフィラのわざ——第一禱　受身形と希求形

呼びかけの「父よ」に続く祈りのことばは、神のみ名が聖なるものとしてあがめられますように、というもので、内容的にはユダヤ教以来の伝統によっている。神のみ名をみだりにとなえてはならぬ、とモーセ時代から戒められている。神聖なものとしてあがめなくてはならない。そのようにさせてください、という伝統に忠実な祈りである。

ギリシア語では、邦訳でもわかるように「聖とされますように」と、受動文の希求形である。受身の要求話法ともいえる。

私がウプサラの図書館で、うまれて初めて銀文字聖書のゴート語文字を目にしたとき、最初に見つめたのが、**weihnai**（ヴェイ（ヒ）ナイ、またはヴィー（ヒ）ナイ）だった。ゴート文字ではWではなくVで始まっていた。VがWを兼ねている。偶然そこに開かれていた羊皮紙の第一行目の頭の字を呆然と見つめているうちに、ハタと思いついたのが、現代ドイツ語の**weih**＝「聖」だった。

思わず「あ」と声を挙げたのを思い出す。ゴート語のhは複母音のあとでは原則として発音しない。ゴート語の発音に関しては、録音などあるはずもないので、あくまで研究による推測であるが、確実度は九〇パーセント近いとされている。

昔はヴェイまたはヴィーといったであろう。いまのドイツ語ではヴァイと発音するこの語幹は、古いゲルマンの「聖」をあらわす語で、ドイツ人は「聖夜」のハイリゲ・ナハトというところを、この語幹を用いて「ヴァイナハテン」という。

「聖なるものとしてあがめよ」という動詞weihenの変化形がここにある。

さて、ギリシア語の原文で邦訳でも、「あがめられ」と受動形になっているのに、ゴート語訳は単純な一語、

weihnai

だけで済ませている。ゴート語の文法にも受動形・受身はあるのに、なぜ受身形を使わないのだろうか。

この語の「ナイ」は「人（びと）が……するように、人びとが……せよ」という希求形

なのであった。この語法が受身形と同じ意味で用いられるのだ。現代フランス語の「オン」on やドイツ語の「マン」man という不定代名詞を主語にする語法と同じで、受身形より、「(人がみな)あがめんことを」という語気のほうがずっと強い。逐語訳にこだわっているようでいて、ウルフィラはここではかなり自由な飛躍をしている。驚くべきわざだ。

そのあとに続く、

namo pein〔ナモ　セイン〕または〔ナモ　スィーン〕は、現代ドイツ語の Name dein なんじの名、であるとすぐ推測できる。

第二禱

「み国を来《きた》らせたまえ」

ここでは完全な逐語訳で、いっさいの飛躍や意訳はない。

第三禱

「みこころの天になるごとく　地にもなさせたまえ」

みこころとは、神の意志・意思・意図を意味する「ウィルヤ」で、英語のウィルの古いゴート語の形である。この第三禱も第二禱同様に、完全な逐語訳。

第四禱「今日のパン」

ここからは、日常の人間生活に関わることへと移行する。

「我らの日用の糧《かて》を、今日も与えたまえ」

ゴート語訳は、

「わたしたちにどうしても必要な日々のパンを、今日くれ」

となっている。「今日も」ではなく、「今、くれ」と直截で切実である。叫んでいる。なお、新共同訳では「わたしたちに必要な糧を今日与えてください」となっている。

宗教・宗派の最重要祈禱文の中央に、これほど思い切って「今日の食物をくれ」と叫ぶように祈れという例は他にはないであろう。

明治初期の日本では、パンはまだ一般には普及していなかったから、ギリシアでもゴート族の間でも普通の食物だった穀物の「パン」を、やや古風に「糧」と訳した。

飢えて衰えた子が、父親に「パンをください」と他人行儀にいうだろうか。「父ちゃん、おなかがすいたよう。パン切れをちょうだい、パンをおくれ」とせがむのではないか。いたいけな子が飢えて泣いてパンを求めるとき、どこの親がパンではなくて蛇やさそりを与えるだろうかと、イエスはほとんど悲憤の声でいっている。ウルフィラのこの訳文を見て思う。吾が子を虐待して食事を与えず死にいたらせる親が続出する飽食日本では、この悲痛な声、この祈りはむなしくしか響かないのだろうか。

第五禱「罪をゆるす」

「我らに罪をおかす者を　我らがゆるすごとく、我らの罪をもゆるしたまえ」

「マタイによる福音書」のギリシア語テキストに従ってウルフィラは、ここで神にそむく宗教上の「永遠の罪」ではなく、「負い目、負債、受けるべき罰」という、いたって人間的なことば「スクラ」を使っている。現代ドイツ語のシュルトに当たり、英語のsin＝「罪、罪業」ではない。ふつうの人なら誰にでもわかる日常生活のいましめでありつつ、神に対する人間の負い目もあらわしている。

第六禱　悪への誘惑

「我らをこころみにあわせず、悪より救い出したまえ」

ウルフィラは、世界を覆う巨大な悪への（悪魔の）誘惑、人生と世界の破滅への試練（こころみ）ということばを使っている。ゴート語にもよくこのことばがあったものだと感嘆せずにいられない（くどくなるので、この前後ではゴート語提示を省く）。

「救う」「救い出す」は、いかにも宗教用語らしい。すべての宗教がひとの霊魂を「救う」ことを目指している、といっていい。

ウルフィラの訳語は「解放する」「自由にする」という意味のことばである。念頭にあったのは捕らわれの身・奴隷からの解放だったにちがいない。二〇〇〇年ほど昔の世界では戦争や人身売買で人を奴隷とするのはごく当たり前のことだった。アメリカでもつい先ごろ（一五〇年ほど前）までそうだったではないか。心身の奴隷状態からの解放は、たとえば過度の飲酒癖から身を解き放つなどということとはまったくちがっている。もっと深いもっと大きいよろこびであるにちがいない。

終わりの頌栄

「国とちからと栄《さかえ》とは　限りなくなんじのものなればなり。アーメン」

この終句つまりドクソロジー（頌栄、栄唱）は、「マタイによる福音書」にも「ルカによる福音書」にも記されていない。西暦一世紀の終わりごろから二世紀にかけて形をなした新約聖書にはなかった、ということはイエス自身の教えた文言ではない。キリスト教が地中海沿岸で急速に拡がっていった二世紀の末にできたと思われるエウセビウス（ウルフィラに按手礼を施した人とは同名異人）によるギリシア語聖書には、この頌栄の一句が入った。教会らしい組織礼典が確立したこの二世紀に自ずとつくられていった結びのことばと考えられる。ウルフィラが使ったギリシア語のテキストにはつけられていたので、そのまま素直に逐語訳したものと見られる。

邦訳を一見すると、栄華を誇る国家や強大な国家権力、栄誉に輝く貴人王侯たちの繁栄も、神のみ手のうちにあるもので、地上での生命ははかなく過ぎ去る、と考えられやすい。

ギリシア語およびウルフィラの訳語では、国とは神の国、ちから・力は神の権能、栄は神の栄光である。だからそれらは限りなく永遠に「父」のものなのである、といっている。

日本語の訳文から受ける印象とはまったくちがう。「国とちからと栄えとは」と日本語で読むと、どうしても私たち日本人は悲しいかな強大な明治以来の国家権力とその繁栄、栄光と受けとめてしまいがちだが、実はそうではないのである。神にのみ栄光を帰すウルフィラは正確である。

「アーメン」と終わる

キリスト教会で唱和され、個人でも祈る「主の祈り」は、最後に「アーメン」と終わる。この語は古いヘブライ語で、「まことに、本当に、真実に」という意味であって、旧約聖書では通常会話のなかで確信をこめて使う副詞ないし間投詞だった。イエス自身は説教を語り始めるときに、「アーメン、アーメン」と言った。「まことに、まことに、なんじらに告ぐ」と訳されている。

初代キリスト教会では信徒たちが祈りの終わりにこの「アーメン」と唱えるようになった。終句の頌栄「国とちからと栄えとは……」と同様に、「アーメン」が二世紀末のギリシア語聖書に取り入れられたと判断される。ウルフィラはギリシア語やヘブライ語のまま「アーメン」AMENと記した。

この重要な一語は訳による屈折や微妙な変化なしにゴート語に、そしてゲルマン語一般、さらに世界のすべての言語にそのまま用いられることとなる。ただし英米語では、綴りはそのままだが、「エイメン」と発音する。

こうしてウルフィラは、対話、相談の相手として「神」（グス）を発見し、そのうえでイエスがのこした「主の祈り」を、切実な「父」（アッタ）への訴えと捉えて訳出したのである。神と人との対話は、「祈り」に結晶する。人間のことばの最も美しい形のひとつは「祈り」であろう。

Ⅲ　銀文字聖書、一五〇〇年の旅

ゴート語訳原本と民族大移動

原本はいまどこに

世界のどこかに、ウルフィラが一文字一文字手書きしたゴート語訳聖書そのものがあるだろうか。銀文字聖書という写本が存在するのだから、写筆者が目の前に置いて写したもとの原本があったはずである。残念ながら、その原本は、私たちの知る限りでは現存していない。古代末期のあの民族大移動の混乱と長い紛争戦火のなかで、永久に失われてしまったらしい。

四世紀のゲルマン人の平均寿命は三〇歳前後だったのに、ウルフィラは西暦三八三年に七二歳の長寿をまっとうして世を去った。けれども彼がつくり守った「小ゴート《ミノル》」村はその後も少なくとも二百数十年は無事に存続した。ならば、彼の死後もゴート語訳聖書が村に残っていておかしくはない。しかし、ローマ軍が各地につくった石造りの大都市でさえ廃墟になってしまうのだから、ゴート人の木と草葺きの粗末な家がドナウ南岸の丘の上からすっかり消え去るのは当然といえば当然である。何十年にもわたるウルフィラの努力の結晶である膨大な羊皮紙の山も、村とともに土と化したのだろうか。

人類世界のさまざまな文字文献は、写本が残っているけれども原典はなくなっているのがふつうである。洋の東西を問わず、古代や中世の文学作品の多くがそうなのであって、煉瓦や石に刻んだ碑文や戦闘命令書が何千年を経てもしっかり残っているのとは、少々わけがちがう。

それにしても、もともとの原本が、ひょっとして南ヨーロッパのどこか小さな教会か修道院にでもひっそりと隠れて眠り続けているというようなことはないだろうか。そんな想像をしても、少しもおかしくはあるまい。もっとも、旧・新約聖書（「列王記」上・下を除く）全部を記した羊皮紙の量はたいへんなもので、どこかの小礼拝堂の隅に一、二枚隠してあったなどというレベルのことではない。実際、一九七〇年にライン河畔シュパイヤーの大聖堂内の小礼拝室で、丸木に巻きつけてあった銀文字聖書のいちばんおしまいの一枚が補修中の柱の壁の中から偶然発見されたが、たったの一枚で少数とはいえ専門家達は大騒ぎだった。本物だったのである。まして、ウルフィラ直筆の羊皮紙が出てくるようなことがあったら……。原本はどうなったのだろうか。

ゲルマン人

ここで、ゴート族を含むゲルマン民族の歴史を再度見ておきたい。

バルカン半島の東、黒海周辺の豊かな自然に恵まれた土地で、農耕や牧畜を始めた太古インド・ヨーロッパ（インド・ゲルマン）語族の人びとは、おそらく紀元前五〇〇〇年頃から新石器時代を迎えて人口が増え、紀元前三〇〇〇年頃にはいくつもの種族に分化し、東西南北の各方面に分裂移動を開始した。紀元前一七〇〇年頃には北欧で青銅器時代が始まるが、そのころにインド・ヨーロッパ語族の一族が北欧に至りつき、すでに定住していた先住民の巨石文化人と接触して、北方のゲルマン人となった。

紀元前一五〇〇年頃、黒海南岸の小アジア（アナトリア半島）を中心として、鉄器時代が栄える。その後、鉄器によってヨーロッパ全土に力を振るったのが、インド・ヨーロッパ語族の一員であるケルト人だった。

紀元前一〇〇〇年頃から、ゴートではないゲルマン人がごく少数ずつ南下し、ケルト人地域つまり中部ヨーロッパに侵入し始める。ケルト人の抵抗は強かった。

飢えた集団は牛車に老幼と全財産（といっても、たいしたものはなかったが）を積み、草原を食い荒らすイナゴの大群のように中部ヨーロッパを荒らしまわる。その数は、全部族合わせて六万人から七万人と推定されている。強力なローマ軍に阻まれて、ローマそのものまでは進むことができず、紀元前一〇二年にテウトニー族が、翌一〇一年にキンブリー族が、ローマ軍に撃破全滅させられて、史上からその姿を消した。

ほんのわずかな生き残りが、北イタリアのエトルリア人から前述のルーネ（ルーン）文字なるものを習い覚え、命からがら北欧の地に持ち帰った。ただし、この文字を使って文字言語を発達させたゲルマンの部族はない。

キンブリー族とテウトニー族は、ローマに接触し、その存在をローマの文書記録に初めて残したゲルマン人である。しかし彼らをゲルマン人と呼んだ人はいない。それからかなり経った後に、ケルト人とその広大な領土ガリア（今のフランス）を征服したローマのシーザー（ユリウス・カエサル。前一〇〇頃―前四四年）が、西方のケルト人でも東方のスキタイ人やサルマチア人でもない「ゲルマン」（人）なる呼称を初めて用いたとされる。

『ガリア戦記』と『ゲルマニア』によれば

その後一〇〇年経った頃になっても、ゲルマン人の生態の詳細については、『ガリア戦記』を書いたこのシーザーとタキトゥス（西暦五五年―一二〇年頃）の『ゲルマニア』以上の文献はない。勇将シーザーがゲルマンを軽蔑しているのに対して、タキトゥスは道徳地に堕ちつつあるローマに、健全で若々しい力に満ちたゲルマンを対比させている。歴史家コルネリウス・タキトゥスが『ゲルマニア』を発表したのは西暦九八年だった。現在のドイツのほぼ全土に、北欧からゲルマン語部族が侵入、小移動をくり返しつつあったころである。以後、四世紀の民族大移動までの間の資料は非常にとぼしく、ゲルマン人のありようは結局のところ『ガリア戦記』と『ゲルマニア』に従って考えるしかない。

それによると、ゲルマン人はけっして未開の蛮人でも、遊牧民族でもなかった。かなりの経験をつんだ牧畜と農耕の定着生活を営んでいた。主に羊と牛を飼い、馬や豚も飼い、粗雑単純ではあったが、大麦や小麦、豆類を収穫していた。宗教は八百万《やおよろず》の神々をあがめる自然宗教。小部族ごとに首長がおり、世襲の王もあった。貴族に近い階層を含む一般自由民と解放奴隷と奴隷という三つの階層があった。奴隷は、ローマ帝国のそれとは違って、独自の住居集落を持ち、外国から拉致されてきた奴隷が文化的には高い評価と扱いを受けていたようだ。

金髪で長身、長い顔、高い鼻の彼らは、温暖な南方（ギリシアやイタリア）の住民とは異なり、寒冷な北の森に住んで、都市生活は知らなかった。そして独自の文字こそ持たなかったが、口承による高度な法体系（ゲルマン法）を有していた。

ゲルマン語の特徴は、語頭にアクセントがあること、時代とともに子音が一定の法則で変化すること（これをグリム兄弟による「グリムの法則」という）、動詞に強変化があり、形容詞に語尾変化があることなどで、そのほかは、他のインド・ヨーロッパ諸語と共通している。語彙はもちろん地域によって多様化している。

以上のようなゲルマン民族は、東・西・北の三グループに分けられる。東ゲルマンのなかですでに述べたように、最も武勇にすぐれていたのがゴート族であった。西ゲルマンはフランク、ザクセン、アングロ・サクソン、テューリンゲン、バイエルンなどの諸族。北ゲルマンはスカンディナヴィアの諸族であった。

民族大移動

二世紀後半、賢帝といわれているマールクス・アウレーリウス・アントニヌス（在位一六一―一八〇年）は烈しく長い戦闘のすえに北イタリアに侵入してきたゲルマン人を撃退した。しかし三世紀になるとローマ帝国は勢力争いのために国力がはなはだしく落ちて疲弊し、一方それまで分裂ばかりしていたゲルマン諸族はふたたび統合の動きを示す。そしてなかでもゴート族の対ローマ圧迫は三世紀半ばに激しさを増した。前述のように、三世紀後半にダキア（現ルーマニア）を放棄撤退したローマ帝国は軍隊の再編を行ない、ゲルマンの進出を抑えることに成功、約一世紀近くはローマ帝国の平和が続いた。

ところが三七〇年、東方のフン族（匈奴）の西進が始まる。

三七五年、フン族が大挙してドン河を渡った。ライン河中流ではゲルマン諸部族の西岸への大量渡河侵入が起こる。厳冬のためライン河が氷結してゲルマンの牛車隊が渡河できたとも伝えられるが、必死の脱出行でもあったろう。

東方ドン河西域では、東ゴート族が奮戦して一度はフン族を撃退したのだが、フン族の優秀な騎馬隊は遠く北方を迂回して、東ゴートの陣営を後方（西側）から撃破。東から来襲するフン族を迎えて、東に向けて陣を構えていた東ゴート族は崩壊し、かなりの戦士がフン族の軍団に強制編入された。しかし一部の東ゴート族は、パンノニア（今のハンガリー西部）に逃れた。さらに一部は西ゴートの後を追って、ドナウ河を南へ渡った。

西ゴートでは、アリウス派キリスト教徒群と、キリスト教徒への迫害を強化しようとするグループが抗争し、まずキリスト教徒グループだけがドナウ河南岸への渡河をローマ帝国から許される。そこにはウルフィラの強力な働きかけがあった。

この機に乗じて非常に多くのゴート人がキリスト教徒の後を追って渡河した。その数は、ローマ側の予測の一〇倍、二〇万人と伝えられているが、これは混乱の中の誇張で、総計六―七万人だったろうとされている。六万人にしてもローマ側の防衛隊は受け入れる準備ができておらず、常ならば行なうべき武装解除もしないままだった。食糧配給はたちまち滞り、暴動が起きる。東西合流したゴート族は、モエシア（現ブルガリア北部）から南の山脈を越え、帝都コンスタンティノープルに向けて、餓狼のように進軍した。迎え撃つローマ帝国軍三万人は、対ペルシア戦線からまわされてきた精鋭部隊だったが、愚かな作戦ミスからゴート軍に完膚なきまでに撃滅され、皇帝もその子も戦死した。

三七八年のこのとき、ウルフィラの村にも行軍への合流や道先案内を頼むゴート人使者がやってきたが、村長・司教ウルフィラは軍事協力を断固拒否してミノル・ゴートの村を平和裡に守り続けた。

ゴート族はアドリアーノポリスを攻め、そのあとで帝都まで攻める勢いだったが、意外にもアドリアーノポリスは陥落せず、もちろんコンスタンティノープルに近寄ることもできずに、部族はバルカン半島内を転々とする。そして最南端のギリシアを荒らし、イタリアに入り、南仏トゥールーズに王国を建て、さらに移動してイベリア半島スペインにまで辿りつき、そこに西ゴート王国を建てた。七一一年にジブラルタル海峡を渡って北上したサラセンとガリア（フランス）のフランク族に挟撃されて、スペインの西ゴート王国は潰滅する。スペインには教会堂など現代にまで残るゴートの遺跡は多く、また、氏名にはゴート系のレオポルト、フェルディナントなどがいまなお多くあり、それを誇りに思っているスペイン人がいる。

一方、いったんは西ゴート族と行動を共にした東ゴート族は、西ゴート族と別れて、先にパンノニアで落ち着いていた同族のもとに合流した。この人びとがウルフィラを知り、深く尊敬してすすんで穏健派アリウス主義のキリスト教に改宗する。改宗することによって、ローマ帝国の庇護をあてにできるという思惑も当然あったろう。

その後、ウルフィラの訳出した聖書そのものか、あるいは助手たちが手伝った手写本が、東ゴート族の牛車に積まれてパンノニアまで大切に運ばれている（後述）。どのようにしてそうなったのかの過程は、戦乱と大移動中のことでもあり、分からないのが実情である。結果として、寒村ミノル・ゴートに埋もれるよりも、同族とはいえ暴徒化した西ゴート族に奪われるよりも、東ゴート族によってパンノニアに運ばれてよかったのである。

全ヨーロッパを恐怖のどん底に叩きおとしたフン族は猛王アッティラを頭に、ドナウ中流平原地帯を根拠地として全欧各地を荒らしまわった。しかし四五三年にアッティラが急死すると、アッティラの築いたフン帝国はたちまち崩壊しはじめる。パンノニアの東ゴート族はこの機に土地の先住民族と連合してフン族を攻め、初めて勝利を得る。フン族はやがて父祖の地中央アジアに帰っていく。こうしてアッティラの帝国が崩壊するのと並行するように、西ローマ帝国は緩慢な死に向かった。

ラヴェンナでの書写

ここで歴史に登場するのが、東ゴートのテオドリクス大王（四五四頃―五二六年）である。東ゴート王族の家に生まれたテオドリクスは八歳の年に人質としてコンスタンティノープルにおくられ、帝室で一〇年近く王族としての最高の教育を受けた。四七四年、父王のあとをついで、パンノニアにいた東ゴートの王に選出される。東ローマ帝国の命を受けた形で西ローマを攻めてこれを占領し、四九三年、北イタリアのラヴェンナを都に定めた。

アドリア海に臨むラヴェンナはかつて初代皇帝アウグストゥスが軍港とし、陸路としてもローマへ道が通じる重要軍事都市であった。四〇二年、ミラノに代わって西ローマ帝国の首都になっていた。

テオドリクスは、宗教的には自らのアリウス派とローマのアタナシウス派をラヴェンナで共存させ、両派の教会堂をそれぞれ思い通りに数多く、しかも粋を凝らしてつくらせ、建築・美術的にいえばローマの古典美とビザンチン様式をこれまた両立させた。政治・経済の面ではゴート人には軍事のみをまかせ、一般イタリア人に行政を行なわせて（最終責任はむろんゴート人が負い）、みごとな調和世界を創り出した大王の政治は、他に類を見ない東西融合の美を実現した。とくにモザイクが美しい。その大王が、ウルフィラ訳聖書からの写本をいくつもつくらせてゲルマン諸族にプレゼントとして贈り、また自らのためには銀文字聖書をつくらせたのである。

東ゴートのこの王国は、大王歿後の五四〇年、東ローマにラヴェンナを占領され壊滅する。捕らわれたゴート人は、すべてローマ兵によって斬首されたという。この時、文書とくにゴート関係の記録や聖書写本はすべて焼却された（部分的には羊皮紙の文字を削り取って別の文書用に使ったものもある）。銀文字聖書だけは、本当に不思議にも焼却破棄をまぬかれたのであった。

ハンガリーでの発掘

ハンガリーの東ゴート

古代の出来事は、場所や時代、人物などの「点」は石碑等の資料や考古学的発掘などでかなりわかっても、点と点を結びつなげる「線」についてはわからないことが多い。ウルフィラの生涯と仕事についても同様であり、銀文字聖書の成立と一五〇〇年以上にわたる流浪の旅も、深い闇の中にある。謎である。

歴史小説や歴史記述の好きなドイツ人だが、ウルフィラについての小説や戯曲はいっさいない。学術的記述がグリム兄弟ほかにいくつかあるだけである。史的データがあまりに乏しいために想像による小説も書けないということだろうか。しかし、証拠のある事実をつなぎあわせて、この「謎」に迫ってみることはできるかもしれない。まず、ウルフィラとラヴェンナの銀文字聖書をつなぐ「線」を考えてみよう。

繰り返しになるが、フン族に襲われ制圧された東ゴート族の多くは、フン族の部隊に強制編入された。彼らは数十年におよぶ隷属ののち、フン族の猛王アッティラの死によってフン族の力が急激におとろえたときに独立をはたした。所はパンノニア、現ハンガリーである。またこれとは別に、フン族への隷属を免かれてルーマニアのカルパチア山中にこもった東ゴート族の一部は、西ゴート族の約半数がフン族来襲から逃れてドナウ河を南へ渡ったとき、これを追うようにして南へ渡った。

東西両ゴート連合がバルカン山脈の南でローマ軍と激戦を重ね、バルカン半島南部を荒らし廻ったとき、ウルフィラの手になる聖書が彼らに強奪されたとは考えられない。武器食糧ではないからだ。またウルフィラが、飢えて殺人暴徒集団と化したゴート人たちに羊皮紙の聖書を与えたことも考えられない。

ウルフィラの死後何十年か、聖書は大切にドナウ南岸の「小ゴート」村にとどめ置かれていたと思われる。

フン族に追われ、しいたげられ、かなりしてようやくそのくびきから逃れたハンガリーの東ゴート人たちは、コンスタンティノープルの皇帝と協約を結び、ローマ帝国が属領パンノニアと呼ぶ西ハンガリーの丘陵草原地帯に定住を許される。

四五四（六とも）年、ここパンノニアで、代々のゴート王家の長子として、前述のテオドリクスが生まれた。彼は、若き日に一時期パンノニアを離れ、ゴートの一軍を率いてドナウ下流のモエシア（ブルガリア北部）に住んだことがある。このとき、ウルフィラの訳した聖書を求めたか譲られるかして手に入れたと推測することも可能だろう。

鉛の薄片を握らされた死者

ウルフィラの訳した聖書全巻が、いつどのようにしてテオドリクスの手に渡ったのかは、推測する以上の手立てはない。当時のゴート人には文書記録という習慣がなかったし、あったとしても民族大移動の混乱のなかでは失われてしまっただろう。

しかし、問題解明の重要な手がかりが、近年になってハンガリー西部で発掘されたのである。ゲルマン民族ゴート人の墓が見つかり、第二次大戦中に発掘が行なわれた。しかし戦争のため出土品はそのまま放置され、二基あるうちの一基は何もかもなくなってしまった。もう一基の分だけが残った。

この一基について、一九七八年、ブダペストのハンガリー科学アカデミー会報に英文の短い報告がのった。

《ゲルマンふうに埋葬された遺骨が発掘保存されているが、二〇歳代後半の青年である。遺骨のすぐそばに、おそらくドナウ流域のゲルマン人の風習らしいのだが、死者の手に握らせたと思われる薄い鉛のはし切れが三、四片ちぎれ散っている。つなぎ合わせてみると、ほぼ五・五センチ四方の一枚の薄片である》

英文だから各国の考古学者の目にとまっていいはずなのに、何の反応もないままで時がたった。

発掘場所はドナウ河の西、広大でなだらかな丘陵地帯。この地域最大のバラトン湖の南、ソモギーのハーチェス・ベンデクプスタ墳墓という。

鉛に記された聖句

この報告が発表されてから一一年後の一九八九年ベルリンの「壁」崩壊の年だが、今度は考古学ではなく言語学者が、右の鉛片について解読報告を行なった(E. A. Ebbinghaus: "The Gothic Material from The Cemetery at Hács-Béndekpuszta," General Linguistics 29, 1989)。

それによると、遺骨および鉛の薄片は四七〇年前後二、三〇年の間に埋葬されたゲルマン人のもの。鉛の薄片はもともとは縦横二二センチほどのもので、表裏両面に文字が刻まれている。それを四つ折りにして死者の手に握らせてあった。

くずれ散りそうな鉛の薄片をそっと開いてみると、刻むというより掻き記してあるといったほうがいい文字は、ゴート文字であった。銀文字聖書そっくり、いや、正確には銀文字聖書より百数十年前の四世紀ウルフィラの創案になるゴート文字なのである。

錐のような筆記具で精緻に、ということは微妙な揺れや震えのないしっかりした筆致で掻き記された十数行の手なれた文字は、素人ではない専門書家の手になるものと判断された。銀文字聖書の文字より一字一字がほぼ倍近く大きく、句点読点はいっさいなく、書き手は書家であるのに、銀文字聖書より稚いところがある。読み取れる文字はいまのところ一〇行、二三九字。内容は、「ヨハネによる福音書」の最後の晩餐のあとのイエス自身の祈りのことばで（一七章一一―一二節）、銀文字聖書と文章・内容は同じであった。

《わたしは、もはや世にいません。彼らは世に残りますが、わたしはみもとに参ります。聖なる父よ、わたしに与えてくださった御名によって彼らを守ってください。わたしたちのように、彼らも一つとなるためです。わたしは彼らと一緒にいる間、あなたが与えてくださった御名によって彼らを守りました。わたしが保護したので、滅びの子のほかは、だれも滅びませんでした》

正確な聖書の引用である。何かの理由で若くして死んだ人の手に、この聖句を握らせて天国の旅路に送り出したものと思われる。剣や斧といった武器や諸家具など、それ以前の人びとの副葬品とはまったくちがう。鉄や羊皮紙、樹皮、ゲルマン人が神聖視したブナの木片などとも異なって、いつまでも朽ちることのない鉛に掻き刻んで死者の手に握らせるという埋葬の方法は、生活文化つまり人間の誕生から死にいたる生の様式全体の飛躍的な変化を示している。武勇を尊ぶゲルマン民族古来の習慣からすっかり抜け出している。

さらに注目すべきは聖句の長さである。現代でも聖書のことばを死者の墓に供えるとすれば、「平安」とか「神の祝福を」とか、「忠実なる神の僕《しもべ》」など、短い語句を記して棺に入れるか墓碑に刻むだろう。ハンガリーのこの鉛の聖句は実に堂々と長い。イエスの祈りのことばを記して、深い信仰心を示している。と同時に、葬りをした人（びと）の死者への愛と悲しみの深さを思わせる。

ウルフィラの原本から写し記されたものだろう

埋葬をした人びとは、この聖句を銀文字聖書から書き写したのだろうか。

年代的にいってそれはあり得ない。銀文字聖書およびそれと同期の他の写書がラヴェンナで行なわれたのは、この四七〇年前後の埋葬から五〇年もあとの五二〇年以後のことなのだから。それに、鉛の文字は、銀文字聖書と同じゴート文字ではあっても、何個所かにわたってずっと稚い。銀文字聖書の書法ほどには洗練されていない。それ以前の書き手によるものである。

とすると、鉛片の聖句はウルフィラの原本から直接写し記されたものと考えられる。戦乱のさなか行軍中に、銀文字聖書以前の写本が成立しているとはまったく考えられない。

ルターらによる宗教改革とグーテンベルクの可動式活字印刷の発明によって、聖書は初めて万民のものとなった。それ以前は、ヨーロッパが落ち着いた中世でさえ、聖書は教会に一冊しかない高貴なもので、高位の聖職者しか手にとることはできなかった。中世の一般人は壁画やステンドグラスで聖書物語を知り、聖書のことばは聖職者の朗読を聴くのみであった。さらにさかのぼってテオドリクスの時代であれば、聖書は最高の司祭でもある王の手もとに一冊あるだけだった。

だとすると、鉛の聖句は東ゴート族の王に選出されてパンノニア＝ハンガリーにいたテオドリクスが、ラヴェンナを攻略、支配するより前、おそらく身近な青年の死を悼んで、大切にしていたウルフィラ直筆の羊皮紙聖書から写し記させたものと考えられるではないか。

テオドリクスは、ウルフィラの訳書の重要さと類のない価値をよく見抜いていた。戦乱のさなかに王がこの訳書を何らかの方法で手に入れ、身近に置き、イタリアに侵攻したときにも大事に携行したとは！　驚くべきことである。

ハンガリーで発見された鉛の薄片は、原本のミノル・ゴート村から都ラヴェンナへの道を、ほぼ確実に示してくれたのであった。

ヴェルデンの修道院での発見――一六世紀半ば

新時代の到来

僧服の長い裾をはためかすようにして、二人の男がライン河沿いの道を急ぎ足に歩いていく。足もとの革サンダルが裾からときたま見える。黒い皮袋を肩にかけ、初夏というのに汗をかいていない。川面をわたる風が涼しいからであろう。

ライン河は岸辺まで満々たる水が、中央で盛り上がるような勢いで北に向かって流れている。南北に長く続く両岸の低い丘の縁《へり》が昔から堅固な堤防になっていて、縁の下の河岸の道沿いには、丈の高いポプラやマロニエの大樹が微風に揺れている。時は一五五四年。

二人の男たちはケルンの町から出てきた。僧たるものは両手をふところに入れ、歩幅は小さく、視線を少し先の地面に落として歩くのが定めなのだが、彼らは長身の上半身を前に倒すように急ぎ足で歩いている。しかし、何か危難が迫っているという雰囲気ではないようだ。うれしげですらある。

丸一日歩いてデュッセルドルフの近くの司祭館で一泊。翌朝さらに北に向かったあと、ルール川の南岸を、今度は東へ向かっていく。ライン河沿いの土地は坦々たる大平原だったが、支流ルール川沿いに少し歩くと、左右にはなだらかな丘の起伏が連なるようになり、深い森が続く。羊や牛の群れの放牧されている草地があるが、人影はない。それでもほぼ一〇キロごとに小さな村落があらわれ、赤い砂岩造りの教会の塔の下に家々がかたまって建っている。

村落からかなり離れたところには、農業や牧畜、チーズやビールの生産を指導する農本主義の拠点である修道院がある。一見のどかで牧歌的な佇まいが拡がっている。

しかし二人の僧は知っていた。各地に宗教改革の蜂火《のろし》があがり、ローマ法王庁に反抗する黒雲がヨーロッパの空を覆い始めていることを……。

彼らの所属する修道院やケルンにたくさんあるカトリック教会では、いままではラテン語の聖書と祈禱書、聖歌集だけが用いられてきたのに、最近はドイツ語、英語、フランス語の聖書が、それも手書きの写本ではなく活字印刷されたものが、厳重な管理のもとではあっても、入手できるようになった。聖書が印刷される！　なんということだろう。しかも新しく勅許を得てドイツ中を走るタクシス家の郵便馬車が、郵便物としてそれらを運んで来るのである。期待と不安が交錯する新しい時代が到来していた。

イタリアで始まったルネサンス運動は、いま人文主義というかたちでヨーロッパ全土に拡がり、古代ギリシアやローマ（ラテン）、それにヘブライ語の文献なども印刷出版されるようになった。聖書についても厳密な校訂、注解の作業が行なわれ始めている。一世代前の僧たちは修道院内の図書室で、厳しい規則に従って聖書書写をしなければならなかった。祈り、働き、瞑想するだけではなく、聖書を一字ずつ写して写本を作る作業こそ、修行中の修行であった。書写用の立ち机の左右には、一点一文字の誤りも見逃さぬように監視役がつくというものものしさであった。

それがどうだろう、いまでは聖書でも教理問答でも活字印刷され、大量に流れこんでくる。印刷術の発明、紙の生産、郵便制度の発達、道路整備など新しい時代の大きな動きのなかで、人文主義者たちは、ラテン語聖書――一〇〇〇年以上変わっていない――を、ヘブライ語やギリシア語の原典に立ち返って厳密に校訂している。

ライン河は北のロッテルダムから南のバーゼル（スイス）まで、フッテンやエラスムスなどの優れた人文学者（ユマニスト）がしきりに往復する文化の大動脈であった。彼らの正確で良心的な学問的作業が前もってなかったとしたら、ルターやカルヴァンの聖書翻訳や宗教改革はなかったであろう。しかもユマニストたちは、それまでベタ打ちだった聖書に、何々書の何章何節というように、章や節の区切りを初めてつけた。この作業のおかげで、聖書は画期的に読みやすくなった。

さて、二人の僧の名はゲオルク・カッサンダーとコルネリウス・ヴータースと記録にある。彼らの修道院があるケルンは、大司教座大聖堂が実に六〇〇年をかけて完成する途中の時期にあった。ロマネスク様式の美しく古雅な教会群とちがって、いま建設中の大聖堂は大地にあらがって天に向かって強烈に聳え立ち、信仰の志を天にまで届かせようとしている。鋼鉄の刃のような強さ、鋭さを備えた、「ゴシック様式」と呼ばれる石造りの大建築である。

ケルンの市民たちはかなり豊かだった。ハンザ同盟の主要都市であり、大西洋や北海からさかのぼってくる大型船が、ケルンで荷を小・中型の船に積み替えるからだ。というのも、この先のライン河中流はローレライの岩など難所があって、大型船は上流まで行けなかったのである。積み替えの港には関税その他の富がたっぷり落ちる。市民たちはそうした富を持ち寄り、南のローマの法王庁や神聖ローマ（ドイツ）皇帝の力を借りずに自己資金で、市民のための市民の大聖堂を建て始めた。それも町のドまん中に、である。それまでの中世のロマネスク様式の教会は少数の例外を除いて、人里離れた静寂の地を選んで建てられたものである。それが激変して新時代の到来だ。

「ゴシック」とは、もとはイタリア・ルネサンス期の建築家ヴァザーリたちが、北方の「蛮族」であるゲルマン民族由来と思われる中世の北方的建築様式を「ゴート風だ」とさげすんで呼んだところから来た名称である。そのおかげで、ドイツ人やオランダ人、イギリス人はみなゲルマン人であり、いまはフランスとなった西フランクの多くの人びとも、すべてゲルマン民族であったことを人びとは再確認することとなった。印欧語の研究はまだ行なわれていない時代のことであるが。

ケルンにいた二人の僧は静寂な修道院の中にいても、市内で進む大聖堂建築に感嘆していた。また、古代にはいくつものしっかりした言語があったこと、ゴート語なるものもあったが今は跡かたもなく消滅していることなどを、人文学者の影響でわずかながら聞き知っていた。そして彼らは、そのゴート語の文献が、ルール川沿いのヴェルデン Werden の小さな修道院に死蔵されているという噂を耳にしたのである。

二人は学術調査と古い修道院訪問のための旅の許可を修道院長に申し出て、許可を得た。一昔前なら、そんな理由での旅は許されなかったであろう。修道院といえども時代の変化と無縁ではなかった。

彼らはついにヴェルデンに着いた。

ルール川のほとりで

二一世紀の現在、ルール川は岸辺までいっぱいに青く澄んだ水が流れている。幅は三〇メートルほど。岸辺には葉の大きなセイヨウカエデと柳の大木が水面も見えぬほどによく繁り、大枝が水面すれすれまで垂れさがっている。魚影も濃い。第二次世界大戦終了後も、このあたりルール地方は石炭産業を基盤とした広大な工業地帯だった。この地帯の中心部を東から西へ流れるルール川は、工業用水源として重要な役割を果たしたのだが、環境保護意識の強い人びとのおかげでただの排水溝にはならず、昔も今も清流が大事に守られている。

川べりから南へ、なだらかな上り坂の道に入ると、一〇〇メートルも行かぬうちに右手の斜面を蔽う深い木立の中に、少し変わった教会堂が見えてくる。薄褐色の壁に、緑青《ろくしょう》のためか薄青い角張った屋根が現れる。イタリアを思わせるロマネスク様式のバジリカ建築である。築後三〇〇年とされる現在のこの教会は、残念ながら一六世紀の昔に二人の修道僧が訪ねた時にあった修道院の建物ではない。まったく同じ場所に建て直した教区教会で、正式名は聖リウトゲル教会。古い修道院はなくなっている。

ただし、古い修道院の壁が現在の聖リウトゲル教会の裏庭に面した石壁の中に組みこまれている。近寄って目をこらすと、野や川から拾ってきたのか、拳二個分くらいの小さめの石がたくさん積み重ねられ、しっくいで固めてある。角張っていないから砕石して切り出した石ではなく、長い年月、水が磨いた石だ。修道院創建者リウトゲルが自分で拾い集め、自分で積み重ねて建てたリウトゲル修道院の痕跡である。

ゴート語聖書の発見

一六世紀に戻ろう。

ケルンからやってきた二人の僧は、この修道院で噂どおりにゴート語の聖書を発見した。ゴート語聖書は、他の多くの写本類と一緒にしまわれていた。内容については誰一人知る人もなく、知ろうとする人もなかった。修道院が火災に遭ったこともあり、多少の水を浴びながらも他の宝物とともに安全なところへ運び出され、鎮火後ふたたび地下室にしまわれたままになっていた。

もっとも、古ぼけてボロボロになった羊皮紙本の類は、どこの修道院にも多数あるわけだし、初代修道院長以来の聖遺骨や道具類と一緒に、ゴート語聖書が、内容を知る者はなくとも、何となく大切にしまわれて何代も何百年も経ってしまったことは不思議ではない。

表紙のなくなっている羊皮紙の塊を、二人は破れないようにそっと一枚一枚めくっていった。左端は細い糸紐で背綴じをしてあるが、これはもう傷みきっていて、羊皮紙をめくると千切れて屑が落ちる。しかし極薄の羊皮紙は虫食いもなく、なんとほんわり朱色に染めてあるようだ。陽光のもとに持ち出すのは冒瀆と思われるので、地下クリュプタ（墓所を兼ねる地下礼拝堂）の高窓とロウソクの光で見ることにする。

極薄羊皮紙の両面に記されている文字は、くすんだ銀色にほの光っており、上部の二、三行はなんと鈍い金色である。文字は全部大文字で、二人には見覚えのあるギリシア文字やラテン文字に似たものもまじっているが、見たことのない文字も多い。

ム、これがゴート文字というものなのか。二人はおごそかな思いで、うやうやしく羊皮紙をめくっていった。傷つけてはならないから、ゆっくり丁寧に開く。ところどころ、ギリシア文字やラテン文字からの推測で解読でき、この古文書が、欠落ページが後半部分にあるらしいものの、間違いなく前半四つの福音書が完全であることを二人は断定した。
ところで、私たちは新約聖書の福音書は、マタイ、マルコ、ルカ、ヨハネの順だと思っている。しかし一六世紀の彼らが見た四福音書、すなわち銀文字聖書は順番がちがってい て、マタイ、ヨハネ、ルカ、そして四番目にマルコによる福音書が置かれていた。これは、ウルフィラが手にしていて訳出に用いた四世紀当時のギリシア語版と同じ順番である。

二人の僧は、ウルフィラが旧約聖書（「列王記」を除く）全巻と新約聖書全巻をゴート語に訳していたことを知らなかった。しかし、四福音書のゴート語訳がここに確かに存在している。ただ古いだけではない。くすんではいるものの、高貴な輝きを放っているではないか。

ゴート語をまるで知らない彼らは、古い聖書を目の当たりにしたことだけで満足だった。大事に保管するように頼んで、二人の僧は帰途についた。ケルンに戻った彼らは、修道院長はじめ、会う人ごとに古文書を発見したことを語った。現代のように学会に発表するとか、意図して情報を流すというようなことはしなかった。人から人へ、口から口へ伝えられていっただけである。それでも、この発見はかなりの波紋を引き起こした。

プラハの王宮へ

古文書発見の話はプラハにいたドイツ皇帝の耳にも達した。総称名として神聖ローマ帝国というドイツの皇帝ルードルフ二世（ハープスブルク家出身。一五五二―一六一二年）は、ハンガリーとボヘミア（いまのチェコ）の国王を兼ねており、プラハに居をかまえて、およそ手に入る限りの珍しい器具や書籍をマニアックに蒐集する奇矯の王だった。ヴェルデンでのゴート語聖書発見の話を耳にすると、彼は皇帝特権を発揮してさっそく同修道院に人を遣わして召しあげ、王宮の蒐集品のひとつにしてしまった。ただし、若干の代価は与えたらしい。

というのは、ケルンの二人の修道僧が大変に興奮した面持ちで帰っていった後、ヴェルデンの人びとは、どうやらこの古文書はいくばくかの価値があるものらしいと気づき、試しに最終ページの一枚（マルコ一六章）をちぎり取り、はるか南のライン河畔マインツの選帝大司教のもとに送って商談を始めたらしいのである。保管よりも商魂が先だった。が、話はうまくまとまらなかった。それも当然のことである。だれにも読めない古語古文字で書かれているらしい聖書を買い取ったところで何にもならない。聖書は神聖なラテン語で記されるべきであるのだから。

マインツ大聖堂の人びとは同じライン流域のシュパイヤー大聖堂に、この一片の羊皮紙を廻してしまい、以後この羊皮紙のことは忘れたらしい。らしい、と繰り返すのは、この点には異説もあって確たる証拠がないからである。ただ、古文書最終ページがちぎり取られたのが一六世紀だったことには、炭素14法検査などによる科学的根拠がある。それ以後も、すでに完全保存はされていなかった文書から、さらに何枚もちぎり取られたらしい。それらの行方はわからない。

それはともかく、口コミで広がった古代文字の聖書の存在は、ルードルフ二世の取得によってヨーロッパ中に知られるようになった。さらに、その古文書がゴート語・ゴート文字による聖書であること、さかのぼれば六世紀の写本であることが人文学者たちによってあきらかにされた。

ルードルフ二世は、ゴート語など皆目わからないのに大満足だった。六世紀からまったく忘れられていた聖書、しかも銀文字で記された高貴な一書を蒐集物に加えたのだから、大喜びするのも当然であろう。けれども残念ながら、皇帝には、その聖書についてもっと深く解明する気持ちも手だてもなかった。

ラヴェンナからの長い間、この聖書はどのような運命にあったのか。実は二一世紀の現在になっても、一五〇〇年間の謎は完全には解明されていない。

カール大帝の時代

リウトゲルの修道院

二人の修道僧がゴート語の聖書を発見したヴェルデンの修道院は、世の常の修道院とはちがって、ごく小さなものであった。のちに聖人の列に加えられた伝道者リウトゲルLiudgerという人物が、波瀾万丈の生涯の終わりを静かに過ごしたいと願い、フランク王カール大帝Karl der Große（仏＝シャルルマーニュ、七四二―八一四年）の許可を得て建てた、庵のような私的修道院なのである。たくさんの修道僧が住んで働き、祈っている修道院ではない。建設は七九九年、カール大帝がローマで帝冠を受ける前年のことである。

銀文字聖書はおそらくリウトゲルによって、七九九年にこの修道院へ運ばれたのであろう。では、リウトゲルとは何者なのか。

リウトゲルは、北ドイツの辺境フリースラント出身の宣教司教であった。七四二年生まれ、八〇九年没。交通の便が悪かった時代なのに、ヨーロッパ中をよく歩きまわって学び、教えた人だった。

まずオランダのユトレヒトで神学を学び、海を渡ってイギリスのヨークで助祭となる。イングランド北方のヨーク大聖堂は、南のカンタベリー大聖堂と並んで、イギリスのキリスト教の二大中心地であった。リウトゲルは志をたて、ヨーク大聖堂付属学校長で図書館長でもあった、当時の代表的古典人文学者で神学者のアルクインAlcuin（七三〇頃―八〇四年）に、親しく指導を受ける。

アルクインは博学の人で、英文学史や英語史には必ず彼の名が出てくる。カール大帝の信頼厚く、大帝の助言者として実践的・理論的に支えた。すでにゴート語の研究もしていたといわれている。ドイツからイングランドにやってきた若いリウトゲルが、ゴート語への関心を呼びさまされたのは、アルクインのおかげであろう。

リウトゲルは三〇代半ばでドイツに戻り、故郷フリースラントやドイツ東部のザクセンに宣教活動をし、いくつもの教会を建てた。ところが当時ザクセンはキリスト教受容を拒んでフランク王国のカール大帝と武力抗争を続けており、リウトゲルも反フランク、反キリスト教のザクセン族の猛烈な迫害を受ける。刺客に追われて生命からがらローマの南、モンテ・カッシーノの修道院に逃げこんだ。

モンテ・カッシーノ Monte Cassino 修道院は、ローマからナポリへ下る幹線道路を見下ろす高さ五〇〇メートルの巨岩の上に、ベネディクトゥスが六世紀に創建した壮大な修道院である。何よりも、古代・中世の膨大な写本を保存していることで知られている。修道僧たちはそれらの蔵書を、ゲルマンのランゴバルト族やアラブ・サラセン、ヴァイキングなどの度重なる襲撃掠奪から生命がけで守った。

ずっと後の第二次世界大戦末期のこと。ここモンテ・カッシーノの丘にたてこもったドイツ軍の抵抗を撃破するために、北上をはかる連合軍が多大な爆撃——硫黄島に投下した爆弾よりも多かった——を加えて瓦礫の山とし、そのうえ猛烈な白兵戦を行なって陥れた。しかし、ドイツ軍は爆撃前に修道院内の貴重な品々をすでに無防備都市ローマに運んでいた、という戦史がある。皮肉なことに、解放軍であるはずの連合軍のほうが、由緒ある修

道院文化の破壊者となった。ドイツ兵は修道院を出て、丘の岩に穴を掘ってたてこもって
いたのだ。現在の壮麗な白大理石の大修道院は一九四五年以後の再建である――。
さて、リウトゲルはそんな修道院の中で、銀文字聖書を手にしたのであろう。イタリア
の人たちにはさほど貴重とは思われなかったこの写本を譲り受けて、北のドイツへ戻った
のではないかという説が有力である。

というのは、二年間ローマとモンテ・カッシーノに逃れていた彼のもとに、カール大帝
から帰国してほしいと強い要請があったからだ。カールの名はローマにもモンテ・カッシ
ーノにもよく知られていた。乱れきった西ヨーロッパの秩序を回復し、教会を保護してく
れるのはカールをおいてはいない。そのカールの特命でアルプスを越え北へ帰って行くリ
ウトゲルに、一冊の古文書を土産に持たせてやってもいいではないか。ラテン語でもギリ
シア語でもヘブライ語でもない、ドイツ語ふうの解読できない言葉で記された聖書である。
持たせてやれ、ということになったとしても不思議ではない。

リウトゲルはイギリス時代の恩師アルクインからゴート人のこと、ゴートのキリスト教
化のことなどを多少学んでいたから、喜んで持ち帰ったに違いない。そしてアーヘンの都
で彼はカール大帝にいったんはこの古文書を献上したと思われる。カール大帝は感謝して
受け、改めてリウトゲルに下賜し、ライン河東部つまりルール地方での宣教を命令した。
リウトゲルはいまのミュンスターに見事な修道院をつくって司教となった。

なお、ルール地域はのちにプロテスタントの地帯になるが、二一世紀の現在でも、ミュ

ンスター市だけは唯一カトリックの町であり続けている。そして地名のミュンスターが、修道院大聖堂ひいては大聖堂を表す普通名詞となっている。ドイツ語圏各地の司教座大聖堂はドームと言うが（たとえばケルンやウィーンの大聖堂はドームと呼ばれる）、ミュンスターと呼ばれるところが主に西南ドイツにいくつかあるのは、リウトゲルの遺産である。

五〇代も半ばを超えるころから、もっぱら文筆活動を精力的に進めていた彼は、前述のように七九九年、カール大帝の許しを得て（のちになってローマ法王庁に許可を得ている。この順序は、当時の政治と宗教の力関係をよく示している）、人里離れた静かな川べりの地ヴェルデンに私的修道院を建てて余生を送った。銀文字聖書はその時以来、一六世紀に再び陽の目を見るまで、この修道院に人知れず眠っていた。

カール大帝とリウトゲルの信頼関係は厚かったが、銀文字聖書の「旅」については別の意見もある。

ラヴェンナの東ゴートが東ローマ軍によって征服された五四〇年、ゴート語の文書は聖書も含めてすべて火中に投じられたり、羊皮紙の文字が削り取られたりした。羊皮紙は文字を削ると再使用できる（これを重記という）。

ある説によると、焚書や焼失の続く戦乱の最中に一、二名の決死隊員が、ゴート王家の王位継承のしるし（いわば三種の神器の一つ）ともされた貴重な銀文字聖書を救い出したのだという。どのようにして、その後モンテ・カッシーノ修道院に収められたのかは不明。

また、カール大帝自身による発見説もある。大帝は同じゲルマンのテオドリクス大王をたいへん尊敬しており、東方ビザンチン文化と西のラテン文化の融合をなしとげた大王の都ラヴェンナを、二度も訪ねている。そして多くの石材をラヴェンナからアルプスを越えてフランスとの境に近いドイツのアーヘンに運び、ラヴェンナの建築様式をそっくりアーヘンに移させたほどであった。そのカール大帝が二度目のラヴェンナ訪問のときに、奇蹟的に助かって保存されていた銀文字聖書を持ちかえった。そしてアーヘンに戻った大帝は、信頼するリウトゲルにこれを下賜したという説である。しかしながら、カール大帝の宮廷には証拠となるような記録は残っていない。

さらに、モンテ・カッシーノ修道院からフランス、パリ近郊のサン・ドニ修道院に渡り、そこからカール大帝がアーヘンに持ち帰ったという言い伝えもある。現に、サン・ドニの修道院には羊皮紙に装飾的に記したゴート語文献の断片が現存しているが、銀文字聖書とは文体も字体もまったく異なっており、この説は二一世紀の今では無理があるとされている。はっきりしているのは、銀文字聖書が八世紀末にはルール川沿いのリウトゲルの私的修道院に収められていたこと、一六世紀に二人の修道僧が確認したこと、その後ルードルフ二世のプラハの宮廷に運ばれたことである。

プラハからスウェーデンへ

三十年戦争の戦利品

優柔不断の皇帝といまなお呼ばれているルードルフ二世だが、学芸への関心は強く、当時としては新しい科学研究の書物や器具を数多く集め、膨大な奇書の蒐集書庫には黒い魔術の書もたくさんあった。彼はゴート語を解さなかったものの、召し上げた古文書が古代ゴート文字の書ということは認識していた。ひょっとしたら彼は見慣れぬ文字で書かれたこの古文書を、魔術の書と思っていたのかもしれない。

チェコすなわちボヘミアのプラハは、一七世紀の三十年戦争（一六一八—一六四八年）の発端となった地である。カトリック対プロテスタントの争いにウィーンのハープスブルク王朝とフランスが介入し、全ドイツとボヘミアを「草木も残らぬ」と言われるほどの荒廃の地とした三十年戦争。この戦いにスウェーデンの猛王グスタフ二世アードルフが参戦した。軍をドイツ北部に上陸させ、プロテスタント側に立って連戦連勝。カトリックの名将ワレンシュタインの軍と戦ってこれを破ったものの、自らは戦死した（一六三二年）。

王の没後もスウェーデン軍は戦争を継続し、戦争終了の一六四八年、プラハに攻め込んで、ルードルフ二世の遺した帝室宝庫から貴金属や宝物類を戦利品として奪った。なかでも銀文字聖書は、スウェーデンが故郷であるとされるゴート人の文字で記された高貴な聖書であり、第一の宝としてスウェーデンに持ち去られた。

グスタフ二世の戦死後、一人娘のクリスティーナが女王の位に即いており、銀文字聖書も彼女の蔵書に加えられた。ところがクリスティーナは次第に国政を嫌うようになり、王位を投げ出して自ら退位、ルター派からカトリックに改宗してローマに移住する。その際の手土産として多くの蔵書をヴァチカンの教皇に献じたが、ゴート語の文書には関心がなかったのだろう、銀文字聖書は置き去りにしていった。

クリスティーナが残していったのは銀文字聖書だけではなかった。寵臣を溺愛し、そのために浪費の限りを尽くした彼女によって、宮廷は莫大な借金を負っていた。

巨額の借金返済のために、スウェーデンの王室係官は、クリスティーナが残していった豪華な衣装や家具や書籍類を競売に付した。債権者のひとり、オランダのイサク・フォシウスという、おそらくユダヤ系の商人が銀文字聖書を安く手に入れて、オランダに持ち帰った。たまたまフォシウスの伯父にあたるフランツィスクス・ユーニウスがギリシア語系写本類の蒐集マニアで、銀文字聖書の一部を印刷して公表した。一六六二年のことである。三十年戦争の戦火の及ばなかったオランダは豊かで、人文主義は一般の人びとへも強い影響を与えていたようである。

それを知って驚愕したのが、スウェーデン宰相でウプサラ大学総長だったマグヌス・ガブリエル・デ・ラ・ガルディ。「わが国の祖先ゴート人が残した宝物がオランダにあるとは！」。彼はすぐにスウェーデンの駐オランダ大使館員に交渉を命じ、私費を送金して銀文字聖書を買い上げさせた。価格不詳。

銀文字聖書は一六六二年七月二八日にアムステルダムから船便で発送された。ところが不運にもこの船は難破した。貴重な写本は失われたかに思われたが、頑丈なオーク材の箱に密封されていたため幸運にも助かり、同年九月一二日、改めてスウェーデンに送られた。デ・ラ・ガルディは、やっと手に入れた銀文字聖書を一六六九年にウプサラ大学カロリーナ図書館に寄贈した。以来、ゴート語のみならず古いゲルマン語のほとんど唯一のまとまった文献である貴重な古文書を、同図書館は寄贈者の志を重んじて、現在もたえず一般公開してきている。

炭素14法測定

ウプサラ大学は、さまざまな研究成果を踏まえたうえで、一九九八年三月、ノーベル賞受賞者を含むゲラン・ポスネルト教授以下のチームによって炭素14法による銀文字聖書の年代測定を行なった。

生きている生物は常に大気と物質交換をしているので、質量数14の炭素原子と質量数12の普通の炭素原子の比は一定である。生物が死ぬと、交換がなくなるので質量数14の炭素原子はこわれていって、時とともに減る。これを利用して年代を測定するのである。

測定の対象は羊皮紙本文のごく一部、背表紙の一部、ウールとリネンの二種類の綴じ糸。その結果。

本文の羊皮紙は六世紀、少なくとも五五〇年以後のものではない。それより少し前のものである。これによって、ラヴェンナで作製されたことが確定した。

背表紙の羊皮紙は一五世紀のものである。二種類の綴じ糸は一五世紀末か一六世紀のもの。おそらくヴェルデンの修道院にあった最後のころに、その昔の姿と同じように新しく糸綴じしたのだろう。一六六〇年代にウプサラで純銀表紙を装丁したときは、改めて糸綴じはせず、ばらばらのまま重ね、銀表紙をかぶせて一つの箱に収めたことが判明した。

研究はさらにすすめられ、現在では、次のようなことがわかっている。

本文の羊皮紙は、従来は上質の子羊の皮であるとされてきたが、実はもっと上質の子山羊の皮つまりキッドであった。その厚さ、いや薄さは〇・二―〇・一ミリほど。赤紫色の染料は、カナンの貝を使った太古以来の動物性染料と思われてきたが、植物性染料であることがわかった。原料の詳細はまだわかっていない。キッドの皮側と肉側（裏皮）を比較すると、銀や金の薄れぐあい、かびなどによる損傷は肉側のほうが進んでいるという。

一九七〇年にシュパイヤーで発見された最終頁の一枚は、ウプサラにあるものよりほんのわずかタテ・ヨコが長い。ということは、この一枚が本体からとりはずされたあとで、ヴェルデン修道院で残り全部を整理する作業が行なわれたのであろう。その際、本文の上下左右にわずかながらナイフか鋏が入ったと考えられる。

ゴート語の文献

ゲルマン語圏では西に位置する英語やドイツ語は、いつ、どこで今の形になったのか。細かいところまで確認・立証することは不可能に近い。文字文献としては、古英語が西暦七〇〇年ごろ、古ドイツ語は八世紀後半、古いザクセン語は九世紀半ばのものが現存しているにすぎない。今のような英、独、オランダ語が古代末期から中世初期にはっきりした形をとるまで、彼らゲルマン諸族は対外的にはラテン語やゴート語で部族間の相互理解をしていたらしい。

東方のゲルマン人としては、東西のゴート族以外に、ドナウ河の北方にヴァンダル族やブルグント族、ゲピート族、ルギ族などがいた。彼ら東方の東ゲルマン人たちはゴート語を共通言語にしていた。ゴート語は強いことばであった。

北欧には北ゲルマンの諸族が今も健在で栄えている。

ゲルマン語とは、この三地域（西ゲルマン、東ゲルマン、北ゲルマン）で使われていたことばをいう。そして、これらのことばの源がひとつであったことは確からしい。それをゲルマン祖語と称しているのだが、残念ながらその文献はまったくない。ただ、ゴート語がどうやらゲルマン祖語を最も忠実に伝えていると推定されている。銀文字聖書の文献的価値がどれほどのものであるか、想像できるというものだ。

ここで、銀文字聖書以外のゴート語文献を、シュトライトベルク氏 Streitberg 等多くの研究をもとに、手短かに紹介しておこう。

①ウルフィラ訳の旧約聖書は、書写したものも失われているが、幸いにもエズラ記、ネヘミア記の一部が一八一七年にミラノのアンブロシア図書館で発見されて、現在も同図書館に収蔵されている。六一三年に創建されたボッビオ修道院にあったものと考えられている。

②そのほか、同じアンブロシア図書館には、新約聖書のパウロ書簡のかなりの部分（ただし、「ヘブライ人への手紙」を除く）、計一〇二葉がある。これは極めて重要な文献である。

③さらに同じくパウロ書簡断片七七葉。

④同じく「マタイによる福音書」二五―二七章の二葉が、アンブロシアにある。多くは重記、つまり古い羊皮紙の文字を削りとって改めてその上に記したものの由。

⑤トリノ写本。もともとアンブロシアにあったもので、四葉。トリノ大学図書館にある。

以上は、文字・文体ともすべてウルフィラ訳の写本である銀文字聖書のそれと完全に一致している。ただし、これら①から⑤までのすべては、朱紫色に染めた子山羊皮（キッド）に銀文字で記したものではない。旧約聖書の断片や、②の膨大なパウロ書簡（分量的には新約聖書の約半分以上を占める）を含め、どれも普通の羊皮紙に黒い墨で記してある。当時の墨は鍋底の煤を、松の木の瘤から抽出した油で溶かしたものだった。

銀や金が用いられている銀文字聖書にくらべれば材料、製本も並製ということになるが、文字の大きさ、字体、書法が銀文字聖書にピタリと合致するのだから、これらがラヴェンナでテオドリクス大王の命によりウルフィラの原本から書写され、各地のゲルマン諸族に贈られた聖書の一部分であることはまちがいない。ウルフィラが旧・新約聖書全巻（「列王記」を除く）をゴート語に訳したこと、ラヴェンナでの書写は全巻について遂行されたことが、①—⑤の史料によって実証された。

⑥一九〇七年にエジプトの古代遺蹟で発見され、ドイツのギーセン大学図書館にあった「ルカによる福音書」二三—二四章が、一九四五年ドイツ敗戦のときに消失してしまった。占領軍に奪われたのか、水害によるものか不明。

⑦カール写本と呼ばれる「ローマの信徒への手紙」一一—一五章の断片四葉（重記）が、一八世紀の劇作家レッシングが司書をつとめていたヴォルフェンビュッテル図書館にある。ここにはゲーテの『ファウスト』のもとになった『ドクトル・ファウストゥス物語』の分厚い初版もある。

⑧以上のほかに、ウルフィラ訳によらぬゴート語文献としては、数は少ないが上記のアンブロシア図書館に聖書注解（「ヨハネによる福音書」）の断片五葉、ヴァチカン図書館に三葉がある。成立年代等は不明である。

⑨ヴェローナ写本。これは司教マクシミーヌスが五、六世紀頃に記したラテン語の説教集で、そのすべての冒頭にゴート語による要約が記されていて、ほぼ銀文字聖書と一致する由。北イタリア、ヴェローナ司教座聖堂図書館所蔵の大部なものである。

⑩聖書以外では、五五一年に東ゴートの首都ラヴェンナで作られた売買契約書など二枚。ルーネ文字でゴート語を記した短い碑文（ウルフィラ以前の三、四世紀）がいくつかある。

⑪パリ北郊の殉教で有名なサン・ドニの修道院に、ゴート文字が少数記された羊皮紙がある。ウルフィラ文字ではなく、一種の飾り文字らしい。出所は未確認であるが、このことから一時は銀文字聖書がサン・ドニにあったといわれたことがある。

これらは分量としては多くはないが、ウプサラ大学図書館所蔵の銀文字聖書を補完する重要な史料であって、世界中の言語学者たちの熱心な研究対象となっている。

Ⅳ　遠くて近いブルガリア

東方キリスト教の静謐な地

ドナウ河南岸のブルガリアへ、二〇年ほど前になるが、旅をした。ポーランドやチェコやハンガリーなど、東欧と呼ばれていた国々へはベルリンの壁が崩壊するよりずっと前にもその後にも何度か訪れたが、ブルガリアは初めてだった。

人口わずかに九〇〇〇万人。旧東欧では旧ソ連にもっとも従順な農業国だったのが、無血革命で共産主義を捨て、なんとかEUに近づこうと、国を挙げて苦闘していた。社会も経済も生活も激変のさなかにあるだろうに、首都ソフィアも、そしてもう一カ所訪れた、国土中央の北東部にある古都ヴェリコ・タルノヴォも、静かとしかいいようがなかった。そうした雰囲気の中でさまざまな変化をとげているように見受けられた。また、中世には二〇〇年にわたって第二ブルガリア王国の都だったヴェリコ・タルノヴォの大学と学生たちから、忘れることのできない、強烈な印象を受けた。

ビザンチンのキリスト教はこの土地から消えなかった

西暦四世紀の昔とはいえ、ウルフィラが生きて働いたドナウ南岸の、現在はブルガリアと呼ばれている、ほかでもないこの土地である。人は変わり言語も異なり民族は入れ替わっても、土地風土はここでは変化はなく昔のままである。いちばん不思議に思われたのは、東方キリスト教（正教）が実にしぶとく生き続けていて、人びとのアイデンティティそのものとなっていることである。

たとえば首都ソフィアのビザンチン風丸屋根のアレクサンドル・ネフスキー大聖堂ほかの数々の教会。石の床に満場の信者は立ったまま礼拝にあずかる。彼らの、楽器をいっさい使わない合唱の美しさ。重々しく悲しくて、しかも明澄への希求の言いようもない美しさ。あるいは旅の途中で立ち寄った村々の人びとの聖歌合唱のみごとさ。葬儀の列も見たが、たて一本よこ二本、さらに斜め右下一本の正教式十字架を掲げる少年を先頭に、丘の上へあがっていく人びとの敬虔な姿と大地の底から盛り上がるような歌声。諸教会を埋めつくすイコンのマリア像。

ギリシア正教から生まれたブルガリア正教は、もちろん完全な形でウルフィラの信仰そのままではないけれども、大筋ではその本質を脈々と継承している。ウルフィラが信じ学んでゴートに伝えた東ローマ・コンスタンティノープルつまりビザンチンのキリスト教は、この土地から消えなかったのである。住民の言語が、同じインド・ヨーロッパ語とはいえ、スラヴ系となり、また数百年にわたってオスマン・トルコの圧制下におかれ、二〇世紀にはスターリニズムの旧ソ連にしいたげられたけれども、正教信仰は地に隠れた巌のようにこの土地の人びとの生と死の根っ子にあって、変わらない。

国のほとんど西端に位置する首都ソフィアから東へ約三〇〇キロ近く、ほとんど直線に近い道を車で走った。左手はドナウ河に自然に滑りこんでいくような、なだらかな草原だ。右手つまり南側は、ゆるやかな丘陵地帯がそのまたずっと南のバルカン山脈から流れ出てきている。初冬の寒風に草の緑は枯れ、丘の上に散在する木々は落葉樹が主なのか、葉をふるい落とした裸の枝々が天を箒のように掃いている。行けども行けども枯草の丘。羊がほんの少し枯草を食《は》んでいる。耕作地はところどころの小さな村落の周囲にしかない。でも村の近くの畑では、点々と秋蒔きの小麦が青い芽を出してはいる。

世界に知られた香水用のバラやワイン用ぶどう、ヨーグルトは、もっと南の山の向こうの暖かい土地の産らしい。ドナウ南岸すぐの東西帯状の土地は、緑したたるルーマニアとはちがって、天の涯まで焦茶色に荒れたように見える草地が続いている。

車をとめて枯草の下の土を手にとってみた。すると、ただの砂ではなく、茶色でも沖積層らしい、いい土だ。「もったいない」と思わず私はつぶやいた。畑や牧畜にもっと活用したらいいのに。戦前は人口の七五パーセントが農業に従事していたのに、いまは七五パーセントが都市に集中しているという。スターリニズムによる無理な工業化で農村は荒れた。胸が痛くなるようなこの農業の衰えは、日本も同じだ。

ヴェリコ・タルノヴォ大学で――東と西の差異について

急に迫った山塊のトンネルをひとつ抜けると、そこは深い谷あいの街だった。ここは別に、もう少し東の黒海近くに小さいタルノヴォという同名の町があるので、区別するために古都のこの街には「大」を意味する「ヴェリコ」という名称を頭につけている。

そして近くにはローマ帝国軍の遺跡「ニコポリス」がある。ウルフィラが避難民の村ミノル・ゴートを造ったのは、その近くの丘の上だった。私は目をあげてその丘のあたりを見つめた。村落の跡は何もなかった。

川幅の狭いヤントラ川が市内で三重四重に激しく蛇行している。河岸の、ほとんど垂直と思われるほど険しい断崖に、なんと階段状にいくつもの層をなして、赤屋根、白壁の家々がへばりつくように密集している。岸辺の柳はもう葉が散りつくし、川面を渡る風は冷たいが、谷間の底から見上げる狭い空は、抜けるように青い。

いくつかある高い丘のひとつにある国立大学に向かう。学長、副学長の案内で入った階段式の講堂には全学部からの自由参加の学生たちがいっぱいに坐って、拍手で迎えてくれた。私に求められたテーマは「近代化と日本」。

明治維新以来の政治・経済・法制・軍事の面にも触れながら、主に学術文化と生活文化の近代化について、その困難や失敗と成功の両面を率直に語った。

――日本にとって近代化は、自然科学的技術と学芸を欧米から速やかに学びとり、まがりなりにも資本主義経済を導入することだった（二度と帝国主義に陥ってはならないことにも、率直に触れた）。当然のことながら、ヨーロッパのすべてがヘーゲルの言うように人類世界の頂点であるなどということはない。ヨーロッパは本質的には私たちとは異質である。ただ、異質なものに触れれば触れるほど、私たち自身がいかようにあり、何者であるかが明らかになってくる。話を文化の本質にしぼろう。

東と西は、究めつくしがたい深みから、互いにちがっている——。

「たとえば皆さんがふつうに使うインド・ヨーロッパ語の中の英語の nature（ネイチャー）は、ラテン語のナトゥーラから生まれてきており、創造され、自らも生成する自然。また、人間以外の調和ある宇宙世界を意味するときもありましょう。いろいろ広い意味をもつ世界中で共通の語ですが、日本語では」と、そう話したところで、黒板にチョークで、

nature と並べて、

自然

と大書した。すると、生まれて初めて漢字というものを見た若者たちの間から、溜息のような嘆声があがった。

「この文字の意味するところは、本来は副詞的に、対象に寄り添って、何々しながら、という語であったものを、ネイチャーの訳語として日本近代化の途中で転用したものです。つまり、人間（ラテン語のホモ、ギリシア語のアントロポス）のように、自然を対象とし、分析し、説明し、分析したたくさんの部分から共通する論理的なものをつかみあげて自分の納得する概念を理性の力で再創造する。そのような、自己としての人間が対象とする自然。それは本来的には日本では意識されませんでした。

私たち日本人は、自然に寄り添い、自然の中に融けこみ、また天地自然を自分の中に雰

囲気として融けこませて一体となります。対象として、理性の言葉で解明説明しつくすという興味はなかったと申せましょう。むしろ、清々しい天地との一体感、この気持ちが大切です。これが本音のところです。

しかし近代化によって私たちも普遍的な自然科学と技術を手に入れ、ヨーロッパ人と互角対等に自然に相対することができるようになりました。と同時に、古くてきわめて日本的な心情もしっかり持っています。

ネイチャー一語の例をとっても、万国共通でありながら、しかし文化によってその意味するところは違う。特にヨーロッパと日本は非常に異なっています。

妙なことだとお思いかもしれませんね。

乱暴かもしれないけれども、あえて言ってしまうと、ヨーロッパ精神は、言葉ですべてを言い表すことができるし、そうしなければならないと確信している。はなはだ多弁です。

一方、私たち日本人は、言葉ですべてを言いつくせるとは思わない。言いつくせぬものがあると、謙虚に考え、むしろ沈黙の中に沈潜する精神です。多弁ではなく、沈黙の真と美を求めるのです」

そのとき、満場から思いがけない大きな拍手がわき起こった。しばらくして拍手の嵐が鎮まると、脇のほうにいた若い学生が立ち上がり、

「でも、あなたは沈黙していないで、実に雄弁にお語りです」

とよく通る声で言い、満場はまたさらに大きな拍手と笑いに包まれた。

実は私はあらかじめ英語とドイツ語の原稿を用意していって、英語で話そうと思っていた。ところが、バルカン諸国ではドイツ語が高校と大学の必須外国語で、講演・討論はドイツ語で全員オーケーといわれ、原稿を見ずに、首都ソフィアでもここでも自由にドイツ語で話した。この青年の合いの手も、しっかりしたドイツ語だった。何よりも反応のよさとウィットがうれしい。

立ったまま一時間四五分ぶっ通しのスピーチのあと、自由な質疑応答に移った。これが予想外におもしろかった。何人もの質問に共通していたのは、いわゆる西ヨーロッパ的合理主義と自由主義を、もちろん価値あるものだと認めながらも、彼ら自身の文化的伝統とはひどくちがうものだという主張だった。

「彼ら、西ヨーロッパの論理では……」

としきりに言う。その発想が私にはとても新鮮で興味深かった。その点に限っていえば、ブルガリアは私たち日本人にたいへん近いところにいる、と強く感じた。

——しかし、つい数年前までこの国の社会生活を隅々まで支配していた社会主義の理念は、ヨーロッパ的フランス革命の理想から生まれたものであり、それはもともと近世以降に世俗化されて広まったキリスト教の思想であったのではないか。そして諸君はまた、「正教」というキリスト教の原理をいまも強靭に守る文化の中に生きているのではないか。ここブルガリアは、キリスト教が衰退しつつある西ヨーロッパよりずっとヨーロッパ的ではないのだろうか——。

私は幾度もそう反問した。すると、その度に返ってくるのは、

「いや、スターリン型社会主義は、アジア的なものです。私たちとは本来的に異質である一方、西ヨーロッパのいわゆる合理主義は、神なく人間性なきニヒリズムに陥る危険がある。私たちは、先ほどあなたがお話になった一〇〇年前、一五〇年前の日本と同じように、いやそれよりもすばやく民主化と市場経済を取り入れなければなりませんが、いわゆる西ヨーロッパ的合理主義をそのまま取り入れることはできません。それはことごとに認識の対象を殺してしまいます。資本のみの論理もいけません」

この発想と警戒感は、くり返しになるが、私たち日本人の抱く思いに近い。遠くて近い。不思議だ。自分のアイデンティティを守ろうとする彼らの意識は、明治の日本人とそっくりだろう。

「では、諸君は、自分自身を何者だと思うのですか」

そう尋ねると、若者たちは口々に、

「ビザンチンです。ビザンチン文化を現代に担う者です」

「アジアとヨーロッパの橋渡しをする者」

という返事が戻ってくる。その意気たるや壮とすべきものがある。「欧亜の橋渡し論」は、日本にも共通しているわけで、「それはどうか本気でやってくれたまえ」と励まさずにはおられなかった。異質なものを単に排除するのでなく、対決し、学びつつ自己変革を実現しなくてはならない。

自然科学的技術と日本人の美意識との関係などについて、質問はいつまでも終わらない。ただ、すぐ本筋の要点に入らず、延々と前置きが長いのは、老教授も若い学生たちも同じだった。質問のときだけ、独文科の女性教授がブルガリア語しかできない人の質問をドイツ語に訳してくれた。それにしても同席の学長も副学長も、ウィーン留学の経験があるせいか、ドイツ語は完璧にうまかった。「ドイツは嫌いです。しかしウィーンのドイツ語は好きです」という。

締めくくりの挨拶に立ったのは工学部教授のニコライ・コレフ副学長。

「ロシア文字の基礎になったいわゆるキリル文字は、そもそも我らブルガリアが創ってロシア人に教えてやったものであります」

その誇らしげな顔。聞きながら私は、今からほぼ一六七〇年も前に、このドナウ南岸の地で、ゴート人のために文字を創案したウルフィラのことをしきりに想い起こしていた。

「ネイチャー」一語にもはっきりうかがわれた東と西の差異についてのお話の部分が、私には特に示唆的でした。無知であってはなりません。これを機に、言葉の共通性と多様性についての思考も鍛えていきましょう」

これが副学長の結びの言葉であった。

おわりに――ウルフィラの最期

聖書翻訳をやりとげたウルフィラは、既述のように急速に体力が弱ったらしい。当時としては非常な長寿の七一歳、さまざまな聖俗の重責をみごとに果たしたウルフィラは、生涯何度目かの帝都コンスタンティノープルへの旅に出た。三八二年末であった。

陸路を辿ってバルカン山脈の山道を徒歩で行く体力は、残念ながらもはやない。ドナウ河から黒海へと船の旅である。三位一体論争に決着をつけたいと願ったのだが、志半ばで病に倒れ、三八三年初頭、旅先の帝都で亡くなった。温厚篤実にして無私の人の死を多くの人が悼んだことであろう。葬られた所は、のちのトルコによる占領破壊によって、不明となった。

死の直前、ラテン語で短い「信仰告白」(Credo)が口述された。これが唯一現存するウルフィラ自身のことばである。伝統に従った堂々朗々たる神信仰の告白の文章であった。個人的感懐はいっさいない。

Ego《エゴ》 Ulfila《ウルフィラ》司教にして信ずる者なる私ウルフィラは、常に次のように信じ来たり、唯一の真なる信仰をもって、わが主のみもとに赴きます。

我信ず《クレードー》、

父なる神は唯一であり、ただひとり被造物ではなく、目に見えぬお方であることを。またその独り子にとって主であり、我らの神であることを。

神は創造者、造り主であり、我らの神であり、すべての被造物のうちにご自身に似たものを持たず、故に父なる神はすべてにおいて唯一であり、我らの神の神であり、一《いっ》なる聖霊と力を与え聖化したもう方であると。「見よ、わたしは、父の約束をあなた方に送る。しかしあなた方は高きところから力をいただくまでは、都エルサレムにとどまりなさい」、「あなた方は、聖霊となって降《くだ》る上よりの力を受けるであろう」と、キリストが復活ののち弟子たちに言われたように。（前述のアウクセンティウス筆記）

彼が単独でやり通した聖書全巻翻訳の訳文と訳語から、私たちはウルフィラという人のものの考え方、精神構造、そしてまた個人的な体臭まで感じとることができる。もしこの訳業が七十人訳聖書のような何十人もの人びとの共同作業だとしたら、あるいは現代日本の新共同訳聖書のような諸教派の代表者たちの組織体による合議によるものであったとしたら、聖書学的な問題を解明し、ひょっとしたらありえたかもしれない誤訳を避けることはできただろう。その代わりに、一人の個人の責任ある言語による個性的なものではなく、共同責任による個性の薄いものとなっていたことだろう。

驚くべきことに、ウルフィラの訳には誤訳がない、とグリム兄弟をはじめ専門家たちの一致した評価がある。事典辞書や参考書類のいっさいないあの四世紀の、民族大移動の戦乱のなか、しかも北風吹きすさぶミノル・ゴートの羊飼いの村で、どうしてそのようなことができたのであろう。言葉でも物事でも移せばズレる。すべて翻訳に誤訳はつきものなのに（と私は自省する）。そして誤訳がなければいい翻訳だというわけにはいかないのである。訳文に生命と勢いがなければいい訳とはいえない。

ウルフィラは、文字を創っただけではなく、訳出にあたって自分の言葉をさがし、創った。自分自身の、民族の母語で訳さなければ、結局は借り物に終わってしまう。生命のない単なる符号か符牒でしかない。

「グス」神。

「アッタ」父よ。

これらの言葉をはじめとする、多くの訳語と文体に、私たちはウルフィラの軒昂たる意気と誠実な心構えをありありと感じとることができる。

年表

紀元前

五〜三千年頃　インド・ヨーロッパ（印欧）語族、個々の種族に分裂。各地に進出。
一八〇〇年頃　イスラエルの族長アブラハム。
一五〇〇年頃　アナトリア（黒海南の小アジア）鉄精錬技術を独占。
一〇〇〇年頃　ゲルマン人、少数ながら大陸北部やスカンディナヴィアで増え始める。
八〇〇年頃　中部ヨーロッパで、鉄を独占したケルト優勢。
三〇〇年頃　ヘブライ語の旧約聖書、ほぼ現在の形にまとまる（正典とされたのは西暦一世紀末）。
二〇〇年頃　ギリシア語訳旧約聖書『七十人訳聖書』成立。
五五年　ユリウス・カエサル、ライン河に架橋、ゲルマンを撃つ。
五一年　カエサル、ガリアを征服。
四年頃　イエス誕生。

紀元後

二八年頃　イエス、エルサレムで十字架の刑死。
六四年　皇帝ネロによるキリスト教徒迫害。

二五七年　ゴート族、小アジアのカッパドキアからギリシア人多数を知能労働用奴隷として拉致。
三一一年　**ウルフィラ、ダキア（現ルーマニア）に生。**
三一三年　「ミラノ勅令」、キリスト教を公認。
三二五年　小アジアのニケアでキリスト教会史上、第一回の公会議開催、コンスタンティーヌス大帝自ら議長となり、「三位一体」論議。
三三〇年　コンスタンティーヌス大帝、コンスタンティノープルに帝都建設。
三三二年　ローマとゴート、史上初の協約締結。ウルフィラ、交渉団に加わる。
三三六年　ウルフィラ、再びコンスタンティノープルへ。責務遂行後、アンティオキアへ留学。
三四一年　**ウルフィラ、ゴートの司教に叙階。単身帰国して伝道と聖書翻訳を始める。**
三四八年　ウルフィラ、キリスト教徒を引き連れ、迫害を逃れてドナウ南岸に避難。ミノル・ゴート村をつくる。**聖書翻訳続行。**
三七五年　フン族侵攻、ゲルマン民族大移動。
三八〇年　ローマ皇帝テオドシウス、キリスト教を国教とする。
三八二年　ヒエローニムス、ラテン語訳聖書『ヴルガータ』着手。
三八三年　**ウルフィラ没。**
三九五年　ローマ帝国、東西に分裂。
三九七年　現在の新約聖書正典公認（実質的には五〇―一四〇年に成立していた）。
四六二年　東ゴート王族のテオドリクス（大王）、幼少の身でコンスタンティノープルに人質となって過ごす。青年期、ゴート兵を率いてモエシア駐屯。

年表

四九三年　テオドリクス、東ゴートを率いてラヴェンナ攻略、四九七年、イタリア全土の王に任ぜられる。五二〇年頃テオドリクス大王の命により、ウルフィラ訳ゴート語聖書からの写本がいくつか製作され、特製の『銀文字聖書』も作られた。
五二六年　テオドリクス大王没。
五二九年　ベネディクトゥス、モンテ・カッシーノ修道院を建てる。
五三八年　(日本に仏教伝来)
五四〇年　東ゴート王国のラヴェンナ、東ローマ帝国に占領される。
六四五年　(大化の改新)
七一一年　五八六年頃から栄えたスペインの西ゴート王国、アラブにより滅亡。
八〇〇年　カール大帝、ローマ帝冠を受ける。
八四二年　古ドイツ語と古フランス語が政治的に分かれる(古英語は七〇〇年頃、ゲルマンのアングロ・サクソン語として形成。—一一〇〇年頃)。
九三六年　オットー一世、ドイツ国王となり、九六二年神聖ローマ帝国初代皇帝となる。
一四五〇年頃　マインツのグーテンベルク、可動式活字による印刷術発明(紙の製法はドイツには一四世紀に中国より伝わる)。
一五一七年　マルティーン・ルター「九五か条の提題〔意見書〕」発表。
一五四一年　カルヴァン、ジュネーヴ宗教改革を主導。
一五四九年　(フランシスコ・ザビエル、鹿児島に上陸、五一年離日)
一六一八年　三十年戦争勃発(—一四八年)。

一六四八年　『銀文字聖書』、プラハからスウェーデンの宮廷へ。その後競売に付され、オランダへ。
一六六九年　『銀文字聖書』、スウェーデンのウプサラ大学へ。

参考文献

《テキスト》

Wilhelm Streitberg: *Die Gotische Bibel*, Bd.1, Universitätsverlag Heidelberg C.Winter, 2000（第1版一九一九年、第7版二〇〇〇年）

Wolfgang Griepentrog: *Synopse der Gotischen Evangelientexte*, München, 1988

Septuaginta, Deutsche Bibelgesellschaft, Stuttgart, 1979

Hieronymus: *Vulgata*（三八六年ごろ完成。一五九二年改訂、現在に至る）

千種眞一『ゴート語の聖書』大学書林　一九八九年

日本聖書協会『聖書　新共同訳』一九八七年

Codex argenteus（銀文字聖書）Photoreprint Uppsala, 1962

Lars Munkhammat: *Silver bibeln*, Uppsala-Trelleborg, 1998

Lars Munkhammar: *Codex Argenteus from Ravenna to Uppsala*, Uppsala, 1998

Margarete Andersson-Schmitt: *Anmerkungen zur Bedeutung des Haffner-blattes für die Geschichte des Codex Argenteus*, Uppsala, 1976

Anders Grape: *Magnus Gabriel de la Gardie, Isaac Vossius och Codex Argenteus*, Uppsala, 1927

《辞典・事典》

Wilhelm Streitberg: *Die Gotische Bibel*, Bd. 2, *Gotisch-Griechisch-Deutsches Wörterbuch*, Heidelberg, 2000（第一版一九二〇年、第六版二〇〇〇年）

Gerhard Köbler: *Gotisches Wörterbuch*, Leiden, 1989

Herbert Haag u.a.: *Bibellexikon*, Zürich-Köln, 1963

Deutsches Wörterbuch von Jacob und Wilhelm Grimm, Leipzig 1854-1960, Dtv, München, 1984（とくに第八巻）

千種眞一『ゴート語辞典』大学書林　一九九七年

『キリスト教人名辞典』日本キリスト教団出版局　一九八六年

木田献一、山内眞『聖書事典』日本キリスト教団出版局　二〇〇四年

《ゴート民族》

Herwig Wolfram: *Die Goten*, München, 2001

Herwig Wolfram: *Die Goten und ihre Geschichte*, München, 2001

Gérard de Sède: *Le mystère gotique*, Paris, 1976

（Deutsche Übersetzung 独訳：*Das Geheimnis der Goten*, Olten, 1980）

Pierguiseppe Scardigli: *Die Goten. Sprache und Kultur*, München, 1973

Wilfried Menghin: *Kelten, Römer und Germanen*, München, 1980

Wilhelm Grönbach: *Kultur und Religion der Germanen*, Darmstadt, 1987（新版）

Edmund Mudrak: *Die Sagen der Germanen*, Reutlingen, 1996（第一一版）

《関連書》

カエサル『ガリア戦記』近山金次訳、岩波文庫六五刷　二〇〇七年

タキトゥス『ゲルマーニア』泉井久之助訳註、岩波文庫二九刷　二〇〇四年

石川晃弘『東ヨーロッパ　人と文化と社会』有斐閣選書　一九九二年

小塩節『東ヨーロッパは今！』講談社　一九九三年

小塩節『ドイツのことばと文化事典』講談社学術文庫　一九九七年

あとがき

古代ヨーロッパのゲルマニアと呼ばれた森深い地方に、インド・ヨーロッパ語系のゲルマン人たちの諸族が住み、しばしばローマ帝国領内に侵入するので、ローマの皇帝は幾度も軍をゲルマニアに進め、またライン河とドナウ河を対ゲルマン防衛線として四世紀に限っても常時三〇万人の兵を張りつけ、両河上流の河川の防衛力が弱いところではリーメスと呼ばれる長城を築き、「蛮族」の侵入に備えた。

しかし民族大移動期にゲルマン諸族は、ケルト人の豊かな西ヨーロッパに侵入して征服定住し、西ローマ帝国を没落させたが、その過程でキリスト教に触れてこれを受け入れた。しかしこのときまでゲルマン諸族は文字を持っていなかった。

ところがゲルマニア東部にいた勇猛なゴート族だけは、民族大移動が始まるより数十年も前に、早くも自らの文字を持ち、さらにギリシア語による旧約・新約両聖書の正確なゴート語訳を生んでいる。しかしゴート族は歴史の荒浪の中でうちほろぼされ、クリミヤ半島以外のゴートの人びとはことごとく斬殺され、ついにはクリミヤ半島も含めて、全て地上から消滅していった。今ではゴシック様式と呼ばれる建築様式にその名が残っているだけで、地上にゴート人生存の跡は全くないと思われている。そのゴシック様式という語も、もとは中世に侮蔑的な意味で用いられ始めたにすぎない。ところがこのゴート族の存在の意義は実は大変に深いのであって、とくに言語史、思想史、宗教史ではゴートは歴史に秘められつつも深く輝く存在である。

なかでも西暦四世紀、ドナウ河下流に、ウルフィラというゴート人のキリスト教司教がいた。部下や同僚はただの一人もなく、司教としての働きと生存を支える教会組織もないのに、ウルフィラは単身よくゴートの同胞に聖書の教えを伝道し、信徒の集団をつくっていっただけでなく、文字の必要性を痛感して自らゴート文字を創案し、旧約・新約両聖書全巻を（好戦的列王記を除いて）ギリシア語の原典から正確忠実にゴート語に訳した。聖書の正典はヘブライ語でもラテン語でもなく、ギリシア語である。

このウルフィラという人物はいったい何者だったのだろうか。「蛮族」ゲルマンの中のとりわけ勇猛の名の高かったゴート族の中に、いったいどうしてキリスト教の司教が存在しえたのだろうか。本書ではできる限り忠実に史実を踏まえて彼の働きを探ろうとしたものである。小説の手法を用いればたのしく語れるだろうが、ここでは史実だけに固着しようと努めた。

さて、司教ウルフィラの死後一四〇年ほどして、北イタリアの都ラヴェンナで、すでにキリスト教を受け入れていたゴートの王テオドリクスの命によって、ウルフィラの訳を基にした聖書写本がいくつもつくられ、さらに王位をあらわす朱色に染めた羊皮紙に銀泥と金泥でゴート文字の福音書を記した写本が特別に造られた。『銀文字聖書』がそれで、その後一五〇〇年もの歴史を生き抜き、各地を旅して、今はゴートのふるさとと言われるスウェーデンに現存し、国宝として大事に保存展示されている。一五〇〇年にわたる写本の旅は数奇に満ちている。そしてこの『銀文字聖書』が、ウルフィラの心血を注いだ労作のあとを忠実に現代に伝えている。

とくに重要なのは、ウルフィラが聖書の「神」、ギリシア語の「テオス」をゴート語では何と訳したか、その点である。なぜなら、ゴート族は自然の中の神々を拝む多神教を信じており、しかもそれらの神々に主神がなかったのだから、翻訳もまた困難を極めた。彼は意を尽くし思いを凝らし、ことばのアンテナを張って、ついにゲルマンの古語「グス」なる語をとらえ、これをもって「テオス」の訳語とした。それがどんなにか重大な歴史的影響を後世にのこしたか。本書の最重要課題である。ウルフィラは古いゲルマン語 Guþ〔グス〕（話しかける相手）によって God〔ゴッド〕「神」を発見したのであった。

バルカン半島南東部のブルガリアへの私個人の旅について本書巻末に短くご紹介しているが、中でもブルガリア北東部のヴェリコ・タルノヴァはかつてこの国の都でもあったところで、町はバルカン山脈から流れ出てくるヤントラ川が急角度で蛇行するけわしい谷合の崖に、白壁赤煉瓦の家々がそれこそ垂直に見えるほど重なり合って密集している特異な町である。我が国の相撲界にこの町出身の琴欧州という大関がいたこともある。

ヴェリコ・タルノヴォから川沿いに北西に進むと、古代ローマの軍隊の駐屯地ニコポリスの跡がある。ドナウ河畔で北辺への備えをしていた。この近くにウルフィラは小さな難民の村を造ったのだった。対岸つまり北岸は緑豊かなルーマニアだが、ドナウ河南岸はやや緑の乏しい地帯である。北岸の森深い地方で一時期猛烈なキリスト教徒迫害があった。ウルフィラは信徒たちを連れて国境警備の厳しい南岸のローマ領に逃れ渡り、皇帝の特別の許可を得て小さなミノル・ゴートと呼ばれる村を造り、自ら村長となって人びとを守った。羊を飼い、羊皮紙をなめし、すでに始めていた聖書翻訳を続行し、七二年の生涯をかけて完成した。北風吹きすさぶ南岸の砂丘かげの、草葺きの家で。

北の対岸が遠くてよくは見えないほど川幅の広いドナウ河は、鉛のようにあお黒く静まり返って悠々と流れている。巨大な渦を水面下にかくして。筏を組んで百人以上のゴート人信者と羊を乗せ、北岸から脱出するのは容易ではなかったろう。彼の死後もミノル・ゴートの村は二百数十年存続し、多いときは数百人の村人を数えたという。しかしその後、彼の村もこの南岸の地味乏しい砂地に吸いこまれて消えてしまった。

およそ天地を創造し、時と永遠を支配する「至高の存在」を表現すること、ば、を持つということ、つまり意識するということを、ゴート族も他のゲルマンもしなかった。ウルフィラというひとりのゴート人が聖書翻訳に当たって「神《ゴッド》」をいわば発見したというのに、キリスト教史や教会史はそのことをほとんど無視し、黙殺しているのは何故だろう。本書はこの問いから始めたのである。おそらくそれは、ゴート族が砂地に吸いこまれるように地上から消し去られたせいなのだろう。しかしあるいはウルフィラが生涯の最期の言葉にほのかに暗示している三位一体論争の中のアリウス派への傾きのせいだろうか。あるいはまたウルフィラの所属が西欧でなく東方ビザンチンの教会、つまり東方正教会だったからだろうか。だとすれば西欧のキリスト教界は偏狭のそしりを免れないだろう。ウルフィラのゴート語訳聖書には、三位一体論争や東西の教会分裂などの影はいささかもない。あるのは清冽正確な聖書のことばである。

本書はもともと一〇年前に編集者水藤節子さんのおすすめで、新潮選書の一冊として出版された『銀文字聖書の謎』（二〇〇八年）を基にしている。版が絶えたことを惜しんで下さる多くの方の中には、こぐま社の創始者の佐藤英和さん達がおられ、またこの度の改稿をコンピューターに打ちこんで下さった青娥書房の関根文範さんがおられる。そして何よりもここに出版を可能にして下さった教文館社長の渡部満さんと出版部の福永花菜さんに、心からお礼を申し上げたい。

二〇一七年初夏

小塩　節

《著者紹介》

小塩 節（おしお・たかし）

1931年長崎県生まれ。東京大学文学部卒。国際基督教大学、中央大学文学部教授、フェリス女学院院長・理事長を歴任。前駐ドイツ日本国大使館公使・ケルン日本文化会館館長。現在、ひこばえ学園理事長・園長、中央大学名誉教授。

著書　『旅人の夜の歌――ゲーテとワイマル』（岩波書店、2012年）、『木々との語らい』（青娥書房、2008年）、『樅と欅の木の下で』（青娥書房、2015年）ほか多数。

訳書　『ゲーテ詩集』（講談社、1974年）、トーマス・マン『ヨセフとその兄弟』（筑摩書房、望月市恵と共訳、1986年）ほか多数。

「神」の発見――銀文字聖書ものがたり

2017年7月20日　初版発行

著　者　小塩　節

発行者　渡部　満

発行所　株式会社　教文館

〒104-0061 東京都中央区銀座4-5-1 電話 03(3561)5549 FAX 03(5250)5107

URL　http://www.kyobunkwan.co.jp/publishing/

印刷所　モリモト印刷株式会社

配給元　日キ販　〒162-0814　東京都新宿区新小川町9-1

電話 03(3260)5670　FAX 03(3260)5637

ISBN 978-4-7642-6131-0　Printed in Japan